Una manera diferente de **aprender inglés**

Los líos del inglés

by Sila Inglés

Autora: Sila (Silvia Mascaró)

Diseño y maquetación: evareina evareinadesign@gmail.com

Colaboradora y asesora pedagógica: Nena Devós

Agradecimientos:
Este libro es fruto de la ilusión, el empeño y la confianza depositada en mí de un par de personas. Una es Eva Reina (diseñadora gráfica enamorada de su trabajo y con un talento insuperable) y la otra, Nena Devós (una curranta nata muy sabia, apasionada y experta en la enseñanza del inglés). Ambas han sido mi apoyo y les agradezco que hayan confiado ciegamente en este proyecto tanto como yo. Mi schatzito ha sido el que me ha aguantado día a día con paciencia, resignación y mucho cariño.

Y sobre todo, debo agradecer a los millones de seguidores de mi blog aprendeinglessila.com por seguir ahí, al pie del cañón, apoyándome y con un montón de ganas de seguir aprendiendo inglés de una manera diferente ☺

Para más información, contacte con **sila@aprendeinglessila.com**

Hello!

Los líos del inglés... ¿Quién no se ha sentido alguna vez liado con el inglés?

Cuando tienes el español como lengua materna, surgen varios líos que nos llevan a cometer algunos errores tontos...

Bien sea porque nuestras estructuras gramaticales difieren entre sí, o porque algunas palabras parece que significan lo mismo y luego su traducción al español no tiene nada que ver con la realidad... O quizás porque donde yo uso una palabra, los angloparlantes usan varias para decir lo mismo... y yo no me entero ni de cuándo ni de cómo usarlas

Este libro está dedicado a desenredar algunos líos del inglés que tanto nos traen de cabeza.

Te ayudará a entender cuándo y por qué se usa una palabra y no otra y te guiará en tu camino de dominar una lengua que, aunque puede ser confusa, es también fascinante.

Índice

1. Líos varios

2. False Friends

3. Tips by Sila

.1.

Líos varios

by Sila Inglés

1.

Diferencia entre **Travel, Trip, Voyage** y **Journey**

Vamos a empezar este libro viendo los términos que hacen referencia al sustantivo "viaje" y al verbo "viajar".

Ya os digo que podéis estar tranquilos, porque os aseguro que es una duda tan frecuente como normal.

La razón por la que a veces el alumno se hace un lío puede ser porque, como en español no contamos con tanta variedad en este aspecto, se nos hace un poco difícil jugar con las diferentes opciones de las que dispone en inglés.

Además, dentro de las posibilidades con las que contamos, debemos añadir la dificultad de que también hemos de escoger la categoría gramatical correcta, con lo cual, no solo nos puede resultar complicado elegir el término correcto, sino también la función que tendrá en la oración.

Pero veámoslo por partes.

Travel /ˈtrævl/

Travel (sustantivo)

Término que hace referencia al desplazamiento de un lugar a otro. Lo traducimos al español como "viaje".

My mother doesn't enjoy foreign travel.
Mi madre no disfruta de los viajes al extranjero.

My interests are literature and travel.
Mis intereses son la literatura y los viajes.

Travel también se puede usar en plural: ***travels,*** por ejemplo:
- ***Norma Jean wrote a book about her travels.***
  Norma Jean escribió un libro sobre sus viajes.

To travel (verbo)

Funcionando como verbo su uso más frecuente es "viajar".

She is always saving money to travel.
- Ella siempre está ahorrando para viajar.

He has travelled around the world a few times.
- Él ha viajado alrededor del mundo varias veces.

¡Ojo!

Si dudáis a la hora de doblar la consonante debéis saber que tanto las formas *traveled/traveling* como *travelled/travelling* son perfectamente correctas.

La primera es en **inglés americano** y la **segunda en británico.**

1.

Ya sabemos que el inglés norteamericano siempre se ha destacado por simplificar el *spelling*, así que toma la versión con una sola ***-l***, mientras que el inglés británico opta por doblar la consonante.

Solo os pido una cosa a la hora de utilizar un término o el otro: coherencia.

Sed coherentes en vuestro texto. Si escribís un *essay* usando expresiones y *spelling* americano, hacedlo así durante todo el texto, si no el profe os puede bajar la nota (con toda la razón del mundo) por mezclar dos versiones de inglés.

Trip /trɪp/

Esta palabra no resulta tan confusa puesto que su uso queda reservado para referirnos a un viaje de corta duración e incluso una excursión...
pues eso, un viajecito del que se vuelve pronto:

The school trip was a complete disaster. Some students got lost.
- La excursión del colegio fue un completo desastre. Algunos alumnos se perdieron.

My boss has just returned from a business trip.
- Mi jefe acaba de regresar de un viaje de negocios.

Como curiosidad os diré que trip también significa "tropezón", y tiene sentido...
se suele volver pronto de un tropezón, ¿no?

Otro significado estaría relacionado con las drogas... un viaje de esos psicodélicos que causan los... atencióoon... los "tripis" (LSD).

Entonces, un "mal viaje" sería *"a bad trip"*.

Pero en general, ***if you go on a trip*** es que "haces una escapada".

Bueno, pues entonces, para desearle a alguien un buen viaje, podéis decirle
Have a nice/good trip!

Voyage /ˈvɔɪɪdʒ/

A diferencia del anterior, éste se refiere a un viaje de larga duración, normalmente por mar.

Lo podríamos traducir por viaje, aunque también nos valdría el término travesía (yo optaría por este y así evitamos confusiones).

The captain informed the passengers that the voyage would take longer due to the bad weather condition.

- El capitán informó a los pasajeros que el viaje se iba a alargar más debido al mal tiempo.

Journey /ˈdʒɜːnɪ/

Se refiere a la duración del viaje, el trayecto, el viaje en sí mismo.

Aquí no importa si la distancia es larga o corta. Puede referirse a un viaje cualquiera o al que hacemos a diario de casa al trabajo.

It was an exciting journey. We didn't have time to get bored.

- Fue un viaje emocionante. No tuvimos tiempo de aburrirnos.

My journey to work doesn't take long, just 15 minutes.

- El trayecto hasta mi trabajo no es mucho, apenas 15 minutos.

Una cosita más. En inglés se puede decir ***to make a journey, to make a trip*** y ***to make a voyage***, pero ***NUNCA to make a travel.***

Pues, ¿a qué después de todo no parece tan complicado?

2.

Usos y significados de **Mean**

Mean, es una palabrita en inglés que se las trae...
Puede significar una cosa y todo lo contrario...
Sí, sí, *if you don't believe me, keep reading!*

¿Qué significa *mean*? O lo que sería lo mismo...

What does 'mean' mean?

Se pronuncia: /miːn/

Como verbo

TO MEAN

- **Querer decir.**
  What do you mean?
  ¿Qué quieres decir?

- **Hablar en serio.**
  I mean it!
  ¡Hablo en serio!

- **Tener la intención.**
  I didn't mean to hurt you.
  No tenía la intención de herirte.

- **Significar algo emocionalmente para alguien.**
  Money meant nothing to him.
  El dinero no significaba nada para él.

Como adjetivo

'Mean' puede significar:

- **Tacaño**
  Samuel is too mean to buy her a car.
  Samuel es demasiado tacaño para comprarle un coche.

- **Mezquino, mala persona, cruel**
  Stop being so mean!
  ¡Para ya de ser tan rastrero!

- **Muy bueno, genial**
  Elisa is a mean piano player.
  Elisa toca muy bien el piano.

- **Malo**
  That's a mean imitation of a Dali's.
  Es una mala imitación de un Dalí.

- **Media/o, promedio**
  Her mean weight is 60 kilos.
  Su peso medio son 60 kilos.

  Entonces...
  - ***Mean value:*** valor medio.
  - ***Mean life:*** promedio de vida.
  - ***Mean score:*** puntuaje promedio.
  - ***Mean sea level:*** nivel promedio del mar.

Como sustantivo... en plural

MEANS: medios, recursos.
Sofia lacks the means to buy a house in Barcelona.
Sofia no tiene los medios/recursos para comprar una casa en Barcelona.

2.

Expresiones con *MEAN*

- ***The end justifies the means:*** El fin justifica los medios.
- ***To be meant for each other:*** Estar hecho el uno para el otro.
- ***(Do you) see what I mean?:*** ¿Ves por dónde voy? ¿Me sigues? (en una conversación).
- ***You mean the world to me/You mean everything to me:*** Lo eres todo para mí.
- ***Mean-spirited:*** miserable, malo.
- ***A man/woman of means:*** un hombre/mujer de recursos, con dinero.
- ***Lean and mean:*** eficiente.
- ***Mean girls:*** chicas malas (pícaras).

y además...

- ***Mean well:*** no tener mala intención.
  Even though you meant well, what you said was hurtful.
  Aunque no tuviste mala intención, lo que dijiste me hizo daño.

- ***I mean:*** me refiero.
  I love her, as a friend, I mean.
  La amo, como amiga me refiero.

- ***Beyond one's means:*** más allá de lo que uno se puede permitir.
  This house is beyond our means.
  Esta casa no nos la podemos permitir.
  Lo contrario sería: ***Within one's means (affordable):*** Asequible.

- ***By any means:*** de cualquier manera posible, como sea.
  We'll avoid losing this contract by any means.
  Evitaremos perder este contrato como sea.

- ***Mean enough to steal a penny off a dead man's eyes:***
  Es tan mezquino que es capaz de robar un penique de los ojos de un cadáver.

  (Antiguamente, para mantener cerrados los ojos de los muertos, los enterradores solían colocar dos monedas en los ojos del fallecido. Si alguien robaba esas monedas, se le consideraba un auténtico sinvergüenza...).

I hope this mean explanation means something to you.

3.

¿"Buscas" con **Search** o con **Seek**?

El uso de los verbos *search* y *seek* en inglés es bastante confuso para los hispanohablantes, ya que nosotros con un simple "buscar" nos las arreglamos...

Para empezar vamos a analizar las diferencias entre estos verbos y sus usos, veremos ejemplos interesantes, *collocations* y expresiones para que os quede el tema clarito.

Search

Usamos **SEARCH** cuando buscamos algo concienzudamente en un lugar. También se utiliza cuando queremos referirnos a cachear, registrar, rastrear.

The police SEARCHED the woods for the missing child.

- La policía buscó en el bosque al niño desaparecido.
- La policía rastreó el bosque para encontrar al niño desaparecido.

The area of the accident was thoroughly SEARCHED.

- El área del accidente fue cuidadosamente rastreada.

The police have arrested a woman after SEARCHING her house.

- La policía arrestó a una mujer tras registrar su casa.

My brother was SEARCHED at the airport.

- Mi hermano fue cacheado en el aeropuerto.

You can SEARCH that on the Internet.

- Puedes buscar eso en Internet.

3.

Diferencia entre ***'Search for'*** y ***'Search'.***

To search FOR something significa "buscar algo", tratar de encontrarlo.
To search something se refiere a buscar algo cuidadosamente dentro, en el interior, pero lo que buscamos es otra cosa... aquí el *something* se refiere a donde se está buscando y no a la cosa que se busca como pasa con ***search for***.

Mira la diferencia:
I am searching for the dictionary.
- Estoy buscando el diccionario.

I am searching the dictionary.
- (Lo) estoy buscando en el diccionario.

Otro:
I searched FOR my keys.
- Busqué mis llaves.

I searched the bedroom for my keys.
- Rebusqué/inspeccioné la habitación buscando mis llaves.

Entonces...
- Si la policía ***'search a man',*** lo que están haciendo es "cachearle".
- En cambio, si la policía ***'search for a man',*** es que están buscando a ese hombre.

Seek

Seek es un verbo un poco más formal y se refiere a buscar algo que no es físico (algo intangible).

Por ejemplo, uno puede ***seek***: ayuda, aprobación, permiso, trabajo, compañía, etc...

I think it's time we SOUGHT legal advice.
- Creo que ya es hora de que busquemos asesoramiento legal.

Are you actively SEEKING jobs?"
- ¿Estás buscando empleo activamente?

The President is SEEKING to reduce the unemployment rate.
- El Presidente está buscando reducir la tasa de desempleo.

Jane seeks fame and fortune.
- Jane busca fama y fortuna.

¡Ojo!

Las palabras *seek* y *search* a menudo se pueden usar para fines similares. Sin embargo, son bastante diferentes.

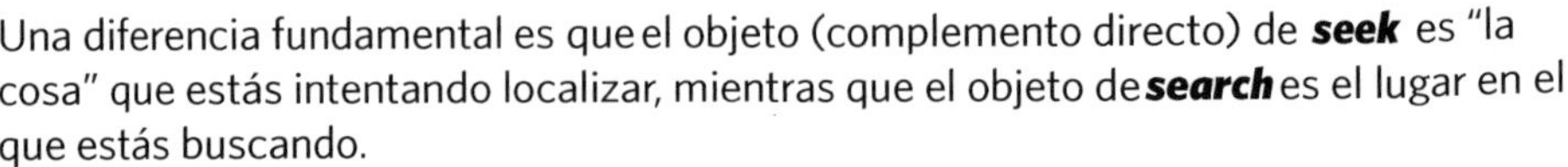

Una diferencia fundamental es que el objeto (complemento directo) de ***seek*** es "la cosa" que estás intentando localizar, mientras que el objeto de ***search*** es el lugar en el que estás buscando.

> Ejemplo:
> ***I will SEEK my true love in this town.***
> ***I will SEARCH this town for my true love.***

Además, ***seek*** implica que el "buscador" sabe (o intuye) que lo que está buscando existe, mientras que ***search*** no conlleva esta idea...

Expresiones

- ***Play hide and SEEK:*** jugar al escondite.
- ***SEEK professional help:*** buscar ayuda profesional.
- ***SEEK revenge:*** buscar venganza.
- ***SEEK one's fortune:*** buscar fortuna.
- ***JobSEEKer:*** persona que busca empleo.

Ten en cuenta que en muchas situaciones *search for* y *seek* (y *look for*) se pueden usar indistintamente.

> Por ejemplo:
> ***The police:***
> - ***search for a criminal.***
> - ***look for a criminal.***
> - ***seek a criminal.***

3.

Compara estos dos verbos con el *phrasal verb* ***'look for'***:

Diferencia entre

Search, Seek, Look for

Buscar

En líneas generales, la diferencia entre estos verbos es:

SEARCH – Buscar algo concienzudamente en un lugar, cachear, registrar, rastrear

The police searched the woods for the missing child

La policía buscó en el bosque el niño desaparecido (rastrear)

SEEK – Buscar algo que no es físico (tangible): ayuda, aprobación, permiso, trabajo, compañía, etc...

I think it's time we sought legal advice

Creo que ya es hora de que busquemos asesoramiento legal

Mira la diferencia:

I will SEEK my true love in this town

I will SEARCH this town for my true love

LOOK FOR – Buscar algo o a alguien porque lo has perdido o porque lo necesitas

I was looking for Brian, do you know where he is?

Estaba buscando a Brian, ¿sabes dónde está?

En resumen:

En SEEK está la idea de algo no material, intangible

En SEARCH la idea es que se examina un lugar cuidadosamente para encontrar algo

En LOOK FOR, la idea principal es que algo se ha perdido

Diferencia entre **On time** e **In time**

Las expresiones *ON time* e *IN time* se parecen mucho pero hay una pequeña diferencia de significado... y es que ya sabemos cómo nos fastidia a los hispanohablantes el temita de las preposiciones en inglés.

Entonces...

On time

On time se traduciría en español como "puntual", "a la hora establecida".

Es decir, cuando algo se supone que va a pasar y pasa en el momento planeado... o eso que no somos demasiado los españoles (comparados con los anglosajones, *of course*)... puntuales ☺

Vemos algunos ejemplos de en qué contextos usaríamos ***ON time:***

Samuel is always on time.

- Samuel siempre es puntual (siempre llega a tiempo).

The flight is leaving on time.

- El vuelo sale a la hora establecida (puntual).

The 10:25 train left on time.

- El tren de las 10:25h salió puntual.

The film was supposed to start at 10pm but it didn't begin on time.

- La película se supone que tenía que empezar a las 22h pero no empezó puntual.

They want to start the meeting on time, so please don't be late.

- Quieren empezar la reunión puntualmente, así que por favor no llegues tarde.

Bueno, supongo que más o menos ha quedado clarito, vamos a ver la otra expresión.

4.

In time

Con este vamos ver un par de significados, pero no os asustéis, es muy fácil.

In time significa "con el tiempo suficiente para algo" y suele ir seguido por un verbo en infinitivo con *'to'*:

I arrived home in time to see the football match.
• Llegué a casa a tiempo para ver el partido de futbol.

O seguido de un complemento preposicional de intención:

Will you be home in time for dinner?
• ¿Estarás en casa a tiempo para la cena?

(Just) in time significa que algo pasó en el último momento antes de que fuera demasiado tarde (antes de que algo malo pasara). La equivalencia en español sería (justo) a tiempo.

Así como lo decimos en español, se suele añadir *just* (justo) para darle más énfasis.

Por ejemplo:
The firefighter was seriously injured; they got him to the hospital just in time.
• El bombero estaba gravemente herido; lo llevaron al hospital justo a tiempo.

In time también podría traducirse al español como "a la larga". Por ejemplo, cuando es hora de *move on* (tirar pa'lante) y olvidarse de una *relationship*, sabemos que a la larga, con el tiempo, todo se olvidará... el tiempo lo cura todo (*time heals all wounds*), ¿no?

You'll forget all about it in time.
• Con el tiempo (llegará un momento en que) te olvidarás de todo.

Y ahora, para acabar este capítulo y redondearlo, vamos a ver algunas expresiones interesantes con la palabra **"time".**

Pues vamos allá:

Expresiones con *TIME*

- ***A matter of time:*** cuestión de tiempo.
- ***A waste of time:*** una pérdida de tiempo.
- ***Against time:*** a contrarreloj.
- ***All in good time/In due time:*** (todo) a su debido tiempo.
- ***At any time:*** en cualquier momento/inesperadamente.
- ***Delivery time:*** tiempo de entrega.
- ***For the umpteenth time:*** por enésima vez.
- ***Full time:*** jornada completa.
- ***Part time:*** media jornada.
- ***Have a good time!:*** ¡Pásalo bien!
- ***In the nick of time:*** en el último momento/justo a tiempo (por los pelos).
- ***It's about time!:*** ¡Ya era hora!
- ***Long time ago:*** hace mucho tiempo.
- ***Long time no see!:*** ¡Dichosos los ojos que te ven!
- ***Make the most of your time:*** aprovechar el tiempo.
- ***Make up for lost time:*** Recuperar el tiempo perdido.
- ***Once upon a time:*** Érase una vez...
- ***One step at a time:*** paso a paso.
- ***Peak time:*** hora punta.
- ***Prime time:*** horario de máxima audiencia.
- ***Small-time crook:*** raterillo (ladronzuelo de poca monta).
- ***Time and again:*** una y otra vez.
- ***Time is money:*** el tiempo es oro.
- ***Time is running out:*** se acaba el tiempo.
- ***Time will tell:*** el tiempo dirá.
- ***Time's up!:*** ¡Tiempo!

4.

Expresiones con ***TIME***

- ***Time-limit:*** plazo.
- ***To two-time:*** meter los cuernos (ser infiel).
- ***Time flies:*** el tiempo vuela.
- ***Big time:*** a más no poder, mucho (expresión enfática).

I fell in love with Frank big time.
Me enamoré de Frank a más no poder.

Pues hasta aquí hemos llegado.
Have a good time!...and don't waste your time, because... time flies!

5.

El confuso uso de **Ago**

El uso de *AGO* en inglés no es tan fácil como parece porque, aunque la traducción simple al español es "hace", los hispanohablantes a veces nos confundimos en el tiempo verbal en el que usar el adverbio *"ago"* porque, por ejemplo, se lo metemos a una frase en Presente Perfecto:

~~***I have received your letter four days ago***~~

Como en español *"ago"* se traduce como "hace", muchas veces, traducimos la frase literalmente del inglés al español y colocamos este adverbio en el mismo sitio que lo colocaríamos en español:

Fui a ver a mi abuela hace tres días
~~***I went to see my grandmother ago three days***~~

Pronunciación

AGO se pronuncia con dos *schwas* y la "o " del final se pronuncia /əʊ/:
/əˈgəʊ/

La *schwa* es un sonido vocálico neutro que resulta el más común en inglés y a veces, nos cuesta pillarle el truco.

Para pronunciar este sonido, sólo relaja la boca, no intentes hacer filigranas extrañas con los órganos articulatorios, *just relax,* porque es un sonido "relajado".

Este sonido les sale muy natural a los angloparlantes, lo usan tanto que aparece en casi todas las palabras que contienen más de dos sílabas.

Como habrás intuido, es imprescindible aprender a pronunciar la *schwa* si queremos pillar el acento y ritmo de la lengua inglesa.

Sigamos con *"ago"*...
Nunca, nunca, nunca uses *ago* acompañando a *since.*

5.

Since nos indica el punto de partida de una acción que todavía está en proceso:

I live in Barcelona since 2005.
- Vivo en Barcelona desde el 2005.

Sin embargo, *ago* se refiere al punto de partida de una acción que ya está acabada:

I lived in London 10 years ago.
- Viví en Londres hace 10 años.

Por tanto, decir: ***"I lived in London since 10 years ago"*** está MAAAAAAL!

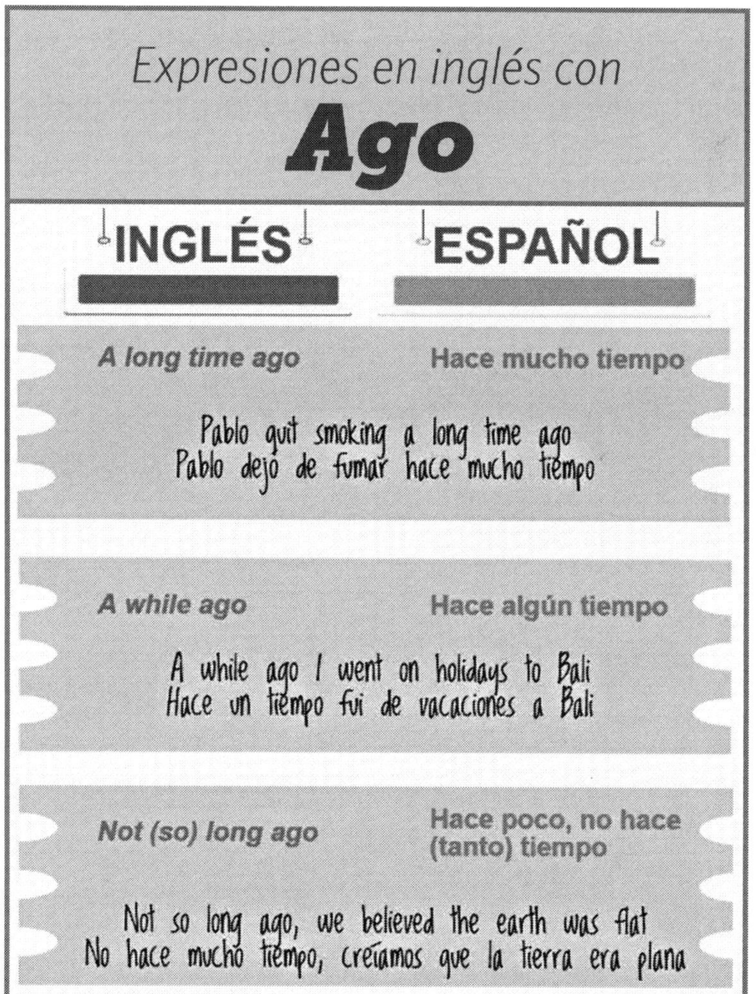

6.

¿Uso **Whether** o **If**?

Estas dos conjunciones ***'whether'*** e ***'if'*** nos lían un poco a la hora de usarlas en inglés, porque en español, traducimos ambas como "si".

Y es cierto que, en algunos casos, estas dos conjunciones son intercambiables, por ejemplo en este tipo de frases:

Fiona didn't know whether Daniel would arrive on Monday
Fiona didn't know if Daniel would arrive on Monday

La traducción de ambas frases sería:

Fiona no sabía si Daniel llegaría el lunes

Por tanto, en algunos casos, se pueden usar ambas conjunciones para expresar la misma idea… pero eso no siempre es así…

por eso nos volvemos un poco locos a la hora de usar ***'whether'*** o ***'if'***.

Veamos cómo funcionan…

6.

If

El uso de *'if'* es esencial en las frases condicionales.

MINI RESUMEN DEL USO DE *'IF'*:

La parte *'if'* de la frase expresa la condición, mientras que la otra parte de la frase expresa el resultado.

If I run (condición), ***I get tired*** (resultado).

Antes de seguir con este tema échale un vistazo a este resumen sobre los condicionales en inglés.

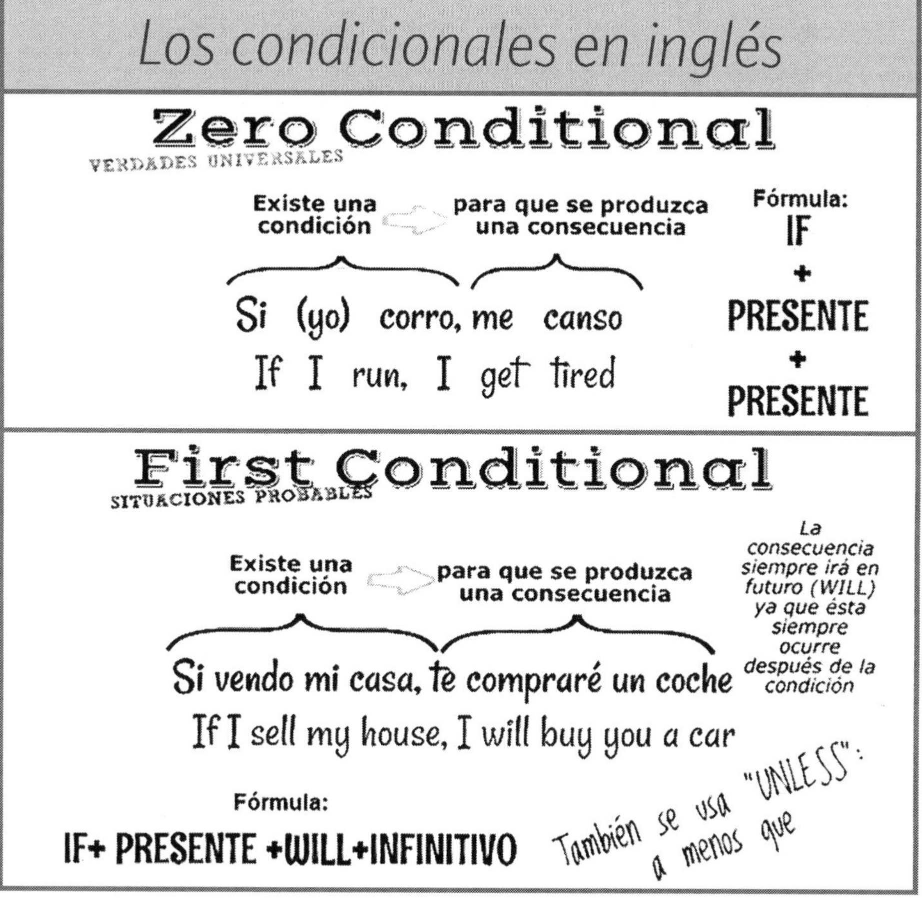

6.

Los condicionales en inglés

Second Conditional

CONDICIONAL IMAGINARIO

Siempre que usemos el verbo TO BE en el condicional, emplearemos la forma "were" para todas las personas. Es la forma que tiene el inglés de dar a entender que es algo hipotético.

Si tuviera dinero, viajaría por todo el mundo

If I had money, I WOULD travel around the world

Fórmula:

IF+ PAST SIMPLE+WOULD+INFINITIVO

ThirdConditional

THE PAST CONDITIONAL

Se usa para expresar resultados hipotéticos de una situación pasada

Si hubiera estudiado, habría aprobado el examen

If I had studied, I WOULD have passed the exam

Fórmula:

IF+ PAST PERFECT+WOULD+HAVE+PARTICIPIO

Como hemos visto, en las oraciones condicionales, usamos *IF*, no *WHETHER*.

Llegados a este punto, eso ya lo tenemos super claro, *don't we?*, por tanto:

6.

Whether

Se pronuncia igual que *'weather'* (tiempo).

En inglés británico su transcripción fonética sería /ˈweðə/ y en inglés americano es /ˈweðər/.

Usamos *whether* cuando presentamos dos alternativas y ninguna de ellas es una condición, es decir no es un 'condicional' ☺

Lo vemos más claro en seguida:

"Whether" generalmente requiere la conjunción *"or"*:

Tell Susan whether you want wine or beer.
- Dile a Susan si quieres vino o cerveza.

"Or not" se usa a menudo para expresar elecciones de *yes/no*:

Whether or not you are going to the party, please call.
- Tanto si vas a la fiesta como si no, por favor llama.

Tras preposiciones:

I would like to talk about whether you are leaving your job (or not).
- Me gustaría hablar sobre si dejas el trabajo (o no).

Antes de verbos en infinitvo (*to*) *"whether to ask..."*

I have been thinking whether to ask for a pay rise (or not).
- He estado pensando en si pedir un aumento de sueldo (o no).

Ahora bien, ¿cuándo son estas dos conjunciones intercambiables?

Whether o *If*

Como hemos visto más arriba, existen casos en los que tanto da que usemos una conjunción o la otra. Y eso ocurre en situaciones en las que expresamos duda o incertidumbre:

Sandra wondered whether she had unplugged the iron
Sandra wondered if she had unplugged the iron
Sandra se preguntó si había desenchufado la plancha

Es importante tener en cuenta que en el lenguaje formal, cuando ambas conjunciones sean intercambiables, siempre se elige ***'whether'***.

Y ahora, teniendo en cuenta lo que acabamos de ver, os dejo con algunos de los errores típicos que cometemos al usar *whether* o *if*.

Errores comunes con 'Whether' o 'If'

ANTES DE 'OR NOT'

Can you tell me whether or not you're interested in the job ✓

~~Can you tell me if or not you're interested in the job~~

ANTES DE 'TO' (infinitivo)

I have been thinking whether to ask for a pay rise ✓

~~I have been thinking if to ask a pay rise~~

DETRÁS DE PREPOSICIONES

I would like to talk about whether you are leaving your job ✓

~~I would like to talk about if you are leaving your job~~

7.

Contracciones (muy) informales **gonna, wanna, gotta**

Los angloparlantes tienen una manía, contraerlo todo y acortar las palabras.

Lo acortan (casi) todo, desde verbos a pronombres...

Por ejemplo:

Advert o Ad	*Advertisement*
Bucks	*Buckinghamshire*
Pub	*Public house*
They are	*They're*
Vet	*Veterinarian*
Who will	*Who'll*
Would not	*Wouldn't*

... el caso es no decir la palabra entera y liarnos 

Recuerda que las contracciones solo se utilizarán en entornos informales.

Si unimos esta manía de los ingleses de acortar las palabras con el *slang* (lenguaje coloquial), lo que realmente se habla en la calle... parimos este capítulo.

Lo que veremos aquí, son palabras y expresiones que nunca, bajo ningún concepto, debes utilizar en entornos formales (en una carta formal de trabajo, por ejemplo) o en un examen... porque te van a catear... (a menos que en el examen te pidan que demuestres tus conocimientos del lenguaje coloquial, *of course*).

Pues bien, por un lado tenemos las contracciones y por otro lado tenemos el *slang* en inglés, lo metemos en la coctelera, lo mezclamos todo, nos pegamos un bailoteo y voilà... ¡aquí os presento las contracciones informales en inglés del tipo *wanna* o *gonna*!

¿Y a qué equivalen estas palabras en español?

Estas palabras equivaldrían al uso que hacemos nosotros de, por ejemplo, la contracción de la preposición "para".

Cuando estás en un entorno formal, utilizarías la palabra completa:

He venido para verte

En un entorno relajado, muchos solemos acortar la preposición:

He venido pa' verte
Vente pa'ca
Este tío está pa'llá

Pues esa es la equivalencia (máaaas o menos) de lo que vamos a ver hoy, *is it clear?*

Usamos las contracciones porque cuando hablamos rápido y nos relajamos, muchas veces no pronunciamos todas las letras de las palabras.

Eso ocurre a veces en español, pero en inglés se hace mucho, mucho, mucho.

Por ejemplo, la primera contracción que veremos ***"gonna"***, es la forma corta de ***"going to"*** (voy a).

Si lo dices muy rápido, sin pronunciar cuidadosamente todas las letras, podría sonar como *"gonna"*. Y así con todas las palabras que vamos a ver.

¡Pues vamos pa'llá!

Gonna ('gɒnə)

(going + to)

I'm gonna have a bath
Voy a darme un baño

7.

Whatcha ('wətʃə)

(what + are + you)

Whatcha talking about?

¿De qué estás hablando?

Si mezclamos las dos contracciones anteriores, podemos formar frases como esta:

Whatcha gonna do?

¿Qué vas a hacer?

Ain't (eɪnt)

(am + not/are + not/is + not)

You ain't my mother

Tú no eres mi madre

Wanna ('wɒnə)

(want + to)

I wanna go to the party

Quiero ir a la fiesta

Lemme ('lemə)

(Let + me)

Lemme call you back

Deja que te llame luego

Gimme (ˈgɪmi)

(give + me)

Gimme your money

Dame tu dinero

Ya (jə)

(you)

See ya!

¡Nos vemos!

Gotta (ˈgɒtə)

(got + to)

I've gotta go now

Tengo que irme ahora

7.

Innit ('ɪn.ɪt)

(isn't + it)

That's great, init?
Eso es genial, ¿no?

Esta última es una contracción de una contracción jeje.

Dunno (də'nəʊ)

(don't + know)

Dunno, ask him
No lo sé, pregúntale a él

Kind of (kinda) y *Sort of (sorta)*

Las expresiones ***kind of*** y ***sort of*** literalmente significan "un tipo de" o "una especie de":

A lynx is a kind of wildcat.

- El lince es una especie de gato salvaje.

Do you have any sort of idea about what is going on here?

- ¿Tienes algún idea de lo que pasa aquí?

¡Ojo!

Si el objeto es plural, toca cambiar las frases a ***kinds of*** y ***sorts of***:

There are all sorts of fruit in this salad.
Hay muchos tipos de fruta en esta ensalada.

There are so many kinds of ways to say hello!
¡Hay tantas maneras de decir hola!

Sin embargo, en inglés coloquial, estas dos expresiones significan: "parcialmente" "algo", "un tanto", etc... y muchas veces se contraen...
¡jeje, qué pesados!

Kinda /ˈkaɪndə/
(Kind + of)

I am kinda tired of Jeff's relationships
Estoy algo cansada de las relaciones de Jeff

Sorta / ˈsɔːtə /
(Sort + of)

He is sorta annoying, I dunno if I really like him
Es un tanto irritante, no sé si realmente me gusta

8.

Diferencia entre
Fewer y **Less**

Muchas veces los hispanohablantes nos liamos con el uso en inglés de las palabras ***fewer*** y ***less***, porque ambas las traducimos al español como "menos"...

No solo nos confundimos, sino que solemos evitar usar *fewer* ... con *less* nos basta y nos sobra...

Pero no señores, no podemos usar *less* para un roto y un descosio.

A estas alturas ya tendríamos que saber que decir:
"February has less days than April" está MAAAAAL!!!

El uso es muy fácil, o sea que vamos a evitar este error tan tonto pero tan común...

¿Cómo se usan ***fewer*** y ***less***?

Usamos ***fewer*** si nos estamos refiriendo a gente o cosas en plural, es decir con palabras contables.

Usamos ***less*** cuando nos referimos a palabras que no pueden ser contadas o que no tienen plural.

Os pongo un ejemplo muy claro:
Glass (vaso) es contable, pero ***water*** (agua) es incontable, entonces diremos:
Sam drinks LESS water than you
pero
Sam drinks FEWER glasses of water than you

Entonces, cuando hablamos de plurales (contables), usaremos *fewer*, pero si nos referimos a incontables, nos quedamos con *less*.

Aquí tienes un resumen para que te quede grabado 

FEWER  LESS

"Menos"

FEWER (contables)	LESS (incontables)
February has FEWER days than August Febrero tiene MENOS días que agosto	My father has LESS money than your uncle Mi padre tiene MENOS dinero que tu tio
We have FEWER students this year than last Tenemos MENOS estudiantes este año que el pasado	Sandra drinks LESS wine than she used to Sandra bebe MENOS vino del que solía

aprendeinglessila.com

aprendeinglessila.com

8.

Excepciones y problemas con el uso de ***fewer*** y ***less***

Como siempre, tenemos excepciones...

TIEMPO, DINERO, DISTANCIA Y PESO

Si dices
100€ is a lot of money
¿es correcto?
Yes, it is

Aunque lógicamente 100€ se pueden contar, las cantidades se usan en singular, por eso usamos el verbo *'to be'* en singular: *"...is a lot of money"*, por tanto tratamos las cantidades en singular...

Lo que nos lleva a nuestro tema, ¿cómo lo dirías?

A - ***I have less than 100€***
o
B - ***I have fewer than 100€***

Opción A... **¡CORRECTO!**

La **opción A** es la correcta porque, como hemos visto, *fewer* lo usamos solo con los plurales.

Lo mismo pasa con las cantidades que usamos cuando nos referimos a tiempo, distancia y peso:

- ***I will be in the office in less than 2 hours***
- ***The office is less than 10 kilometres away***
- ***I weight less than 80 kilos***

Sigamos...

8.

People

Hay algunos plurales en inglés que no acaban en *'-s'* (plurales irregulares) *people, children, men, women...*

Y entre ellos está la famosa palabrita que nos lleva locos: *people*

¿Se dice: ***"people is tall"*** o ***"people are tall"***?

Sí, esta palabra nos confunde porque los hispanohablantes tendemos a traducirla por "gente", en vez de traducirla por "personas" y por eso nos parece incontable...
pero es una palabra en plural.

Entonces si lo correcto es decir: ***"people are tall"*** (las personas son altas), ¿qué usaremos *fewer* o *less*?

Mira este ejemplo en español:

- Si eres grosero, le causarás buena impresión a menos gente.

¿Cómo lo traducirías al inglés?

Elige opción **A** o **B**:

A - ***If you are rude, you'll impress less people***

B - ***If you are rude, you'll impress fewer people***

La respuesta **correcta sería la B,** aunque en inglés informal se usa muy a menudo: ***"less people".***

9.

¿Qué verbo debes usar **Speak** o **Talk**?

Vamos a hablar de "hablar" en inglés.

Sí, estos dos verbos ***speak*** y ***talk***, ambos se traducen al español como "hablar"... y a veces, justo en medio de una conversación, nos bloqueamos porque no sabemos si decir:

I want to speak to you o ***I want to talk to you...***

o si ambas se pueden usar indistintamente o si van con la preposición ***to*** (***speak/talk to***) o con la preposición ***with*** (***speak/talk with***).

Voy a intentar desenredar este embrollo, solo espero que al final del capítulo no estéis todavía más liados de lo que lo estáis antes de empezar.

Speak

Es un verbo irregular: ***speak - spoke - spoken***
Se pronuncia /spi:k/ (spiik).

Speak se consideraría más formal que ***talk.***

Speak se utiliza cuando:

1 - Alguien se dirige a un grupo de personas, es decir, cuando hace un *speech* (discurso).
The President spoke to the people for an hour.
• El Presidente le habló a la gente durante una hora.

2 - Cuando nos referimos a un idioma
Can you speak Japanese? (No: ~~Can you talk Japanese?~~)
• ¿Hablas japonés?

3 - En el teléfono
- Is Frank there?
- ***Who's speaking?*** (No: ~~*Who's talking?*~~)

Talk

Es un verbo regular: ***talk - talked - talked.***
Se pronuncia /ˈtɔːk/ (tok-con una 'o' un poquito más larga);

Talk se consideraría más informal que ***speak.***

Talk se puede usar como verbo ***to talk***: hablar/mantener una conversación y como sustantivo ***talk*** (a secas): charla/conversación.

Talk se utiliza:

1 - Cuando hay dos o más personas conversando/charlando
The group of friends talked for hours.
- El grupo de amigos conversaron durante horas.

2 - Cuando alguien aprende a hablar
The baby is learning to talk.
- El bebé está aprendiendo a hablar.

3 - Cuando te hablas a ti mismo
I like talking to myself.
- Me gusta hablarme a mí mismo.

Connotaciones

Compara estas dos frases, cuando se usa ***speak*** o ***talk*** según el contexto del hablante o del oyente:

I need to speak to you lo usarás:

- en situaciones formales (por ejemplo en el curro).
- cuando vas a "reñir a alguien" o cantarle las cuarenta a tu novio o simplemente quieres hablar de algo importante o serio.
- cuando no tienes una relación demasiado cercana con la otra persona.

Es decir, en general se usa cuando le quieres decir algo a alguien pero no implica tener una conversación. Podrías perfectamente hacer un monólogo y que el otro simplemente esté escuchando.

En cambio ***I need to talk to*** you lo usarás:

- cuando vas a hablar con una persona conocida y cercana (amigo, familiar, colega, etc).
- cuando no conoces demasiado a la otra persona, pero vas a comentar algo informal.

En general, y esto es importante tenerlo en cuenta, *speak* se centra más en la persona que habla, mientras que *talk* se centra en el que habla y en el que escucha (implica una conversación).

Se podría traducir como "tener una conversación/charla".

- ***Kate always gets very nervous when she is speaking.***
  Como esta frase se centra en el que habla, usaremos ***speak***, en cambio, mira la siguiente:

- ***I need to talk to John tomorrow morning***
  Necesito hablar (tener una conversación) con John mañana por la mañana.

Más cositas

- CON PREPOSICIONES: ***to*** vs ***with.***
  En realidad esta distinción es muy sencilla, somos nosotros que nos liamos mucho con las preposiciones, que nos paramos a pensar si usar ***to*** o ***with***, soltamos lo primero que nos sale y nunca estamos seguros si lo hemos dicho bien.

  To se utiliza en situaciones más formales y ***with*** en situaciones más informales.

- COMPLEMENTOS
  Cuando hay dos complementos, el directo se sitúa detrás del verbo y luego ya pones el indirecto:

  I spoke a few words to him

- ABOUT
  To speak about o ***to talk about*** significa "hablar acerca de", "hablar sobre".

  I want to speak to you about something important

  o

  I want to talk to you about something important

Cuándo se usa en inglés
Arrive in, at, on y to

De sobra es conocida la dificultad a la que tienen que hacer frente la inmensa mayoría de estudiantes de inglés para dominar el uso de las preposiciones, sobre todo las "maléficas" ***at, in*** y ***on.***

Este problema se puede convertir en un auténtico *headache* cuando un mismo verbo puede llevar diferentes preposiciones y además, si el verbo es de uso frecuente, como en este caso, sentimos que el lío es aún mayor.

Don't panic!

Con una breve pero concisa explicación comprobaréis que no es tan complicado como parece.

Arrive in vs *Arrive at*

Cuando nos referimos al hecho de haber llegado a algún lugar podemos emplear estas dos preposiciones: ***in*** y ***at***.

La cuestión sería cuándo usar una preposición u otra.

La diferencia estriba en razones de tamaño (¿el tamaño importa?) 

Tranquilos, os daré las claves para que veáis a lo que me refiero:

Arrive at se emplea cuando llegamos a lugares pequeños, como aeropuertos, estaciones, hoteles, pueblos e incluso para hacer referencia a la hora de llegada.

The children arrive at school at 8 o'clock.

- Los niños llegan al colegio a las 8.

When we arrived at the station, the train had already left.

- Cuando llegamos a la estación el tren ya se había marchado.

10.

Arrive in en cambio, se utiliza para referirnos a lugares más grandes como pueden ser países o ciudades, pero también podemos emplearlo con épocas del año.

I arrived in a cold winter morning in Denmark.
- Llegué a Dinamarca una fría mañana de invierno.

They arrived in Spain two years ago.
- Ellos llegaron a España hace dos años.

I have just arrived in Madrid.
- Acabo de llegar a Madrid.

¡¡Atención!!

Es cierto que puede darse la circunstancia de que veamos algo así:

"I arrived at Madrid"

El hablante en este caso, podría estar haciendo mención al aeropuerto o bien a alguna estación de dicha ciudad y simplemente está omitiéndolo:

"I arrived at Madrid (airport/station)"

De ahí que dicho uso no pueda ser calificado de erróneo.

Arrive on

Este caso es menos flexible que los anteriores ya que se usa única y exclusivamente con días y fechas.

Ejemplo:
We are arriving on Friday evening.
Llegaremos el viernes por la tarde.

My brother is arriving home on the 24th.
Mi hermano llegará a casa el 24.

Arrive to

Si el título de este capítulo es: ¿Cuándo se usa en inglés ***ARRIVE IN, AT, ON*** y ***TO***?... La respuesta a "cuándo se usa ***arrive to***" es... ***never!***

Recordemos que la preposición ***TO*** indica dirección, es decir, la utilizaremos para indicar el destino al que nos dirigimos.

Por lo tanto, podremos usar esta preposición con verbos como *go* o *travel* pero no sería correcto usarlo con ***arrive***.

Ejemplo:
En estos casos vemos que existe un movimiento hacia un determinado lugar.

They never go to the swimming pool.
• Ellos nunca van a la piscina.

I travelled to New York
• Viajé a Nueva York.

Sin embargo, si lo comparamos con este otro uso, a pesar de que está bastante extendido, es incorrecto:

~~***We arrived to the hotel at 9.00 a.m.***~~
• Nosotros llegamos al hotel a la 9.00 a.m.

Comprobamos que no existe movimiento, básicamente porque el verbo "llegar" indica todo lo contrario.

No nos dirigimos a ningún lugar, sino que "hemos llegado a un destino".

Por lo tanto el uso del verbo ***arrive*** seguido de la preposición ***TO*** está MAAAAL.

11.

El embrollo de **Some** y **Any**

Some/any son unos determinantes del inglés que tela marinera.

Nos liamos *big time* a la hora de usar uno u otro, porque sí, como todo tiene sus reglas, pero estos son determinantes rebeldes porque a veces parece que hacen y se colocan donde les sale de la peineta.

La verdad es que tienen unas reglas muy claras que vamos a ver ahora pero también tienen sus excepciones y ahí es donde nos enredamos.

Some

Some es un artículo indefinido que se emplea de igual manera con sustantivos plurales contables y sustantivos no contables.

Usado en estos dos casos, ***some*** adquiere un significado semántico un poco diferente dependiendo del sustantivo.

Mira los ejemplos que quedará más claro.

Con un sustantivo contable plural:
My mom gave me some cookies to share
- Mi madre me dio unas galletas para compartir

Con un sustantivo no contable:
My brother asked my parents for some money, as usual.
- Mi hermano pidió algo de dinero a mis padres,, como siempre.

Con *cookies*, ***some*** significa "algunas o unas" o más de una, pero no muchas... es una palabra numeral.

Pero, cuidado: con *money*, no es una palabra numeral sino de cantidad, significa "algo de"... es decir, una cantidad moderada que no sea ni mucho ni poco.

Any

La parte fácil del tema es que entre ***some*** y ***any*** no hay diferencia de significado.

La parte algo más difícil es que sí se diferencian en uso:

Any reemplaza a ***some*** en preguntas y en oraciones negativas.

Vemos unos ejemplos:

Con un sustantivo contable plural:
There are some crazy teachers at the school (Afirmativa).
• Hay algunos profesores locos en el colegio.

There aren't any crazy teachers at the school (Negativa).
• No hay profesores locos en el colegio.

Are there any crazy teachers at the school? (Interrogativa).
• ¿Hay algunos profesores locos en el colegio?

Con un sustantivo no contable:
John gave us some milk (Afirmativa).
• John nos dio algo de leche.

John didn't give us any milk (Negativa).
• John no nos dio nada de leche.

Did John give us any milk? (Interrogativa).
• ¿John nos dio algo de leche?

Básicamente, siempre que ***some*** se encuentra dentro de una pregunta o una oración negativa, se sustituye por ***any***.

Pero, *of course...* hay ciertos casos en los que no lo reemplazamos:
No tenemos que aplicar la regla cuando lo que estamos preguntando no necesariamente requiere respuesta. Puede ser un pedido o un consejo y no una pregunta genuina.

Por ejemplo:
Can I give you some advice?
• ¿Te puedo dar un consejo?

No necesariamente te pide permiso para darte un consejo y, probablemente, quien formule esa pregunta seguirá hablando y te ofrecerá el consejo que no le has pedido.

En otro caso, usamos *some* al formular un pedido o una oferta:

Could I get some water please?
• ¿Me podría dar agua, por favor?

En este caso, el uso de *some* indica que hacemos un pedido cortés, del cual se espera una respuesta positiva. Por lo tanto, cabe destacar que usar *any* en este caso sería no gramatical:

~~***Could I get any water, please?***~~ (NO GRAMATICAL)

Por último, usamos ***some*** en vez de ***any*** en casos donde implica que la respuesta suele ser afirmativa:

Would you like some cake?
• ¿Te gustaría algo de pastel?

Implica que la respuesta normalmente es afirmativa, que normalmente, una persona sí quiere pastel o que la mayoría de las personas querrían pastel.

Entonces, en preguntas normalmente se usa ***some*** cuando la persona que pregunta espera una respuesta positiva, un simple *'yes'*...

Hacer la pregunta con ***any*** se considera neutro:

Would you like any cake?
• ¿Te gustaría algo de pastel?

Por tanto, si tienes invitados en casa, lo normal es ofrecer un trocito de pastel y suponer que la respuesta será *"yes"*, por lo que la pregunta adecuada es:
"Would you like some cake?"

12.

Diferencia entre **Meet** y **Know**

En español ambos los traducimos como "conocer", lo que muchas veces nos resulta confuso y no sabemos si utilizar uno u otro.

Pero esto ya no va a ser un problema nunca más porque a partir de ahora vais a saber diferenciarlo.

¿No os lo creéis? Bah, seguro que sí.

Seréis los reyes del *"meet and know"* 

To meet

Have you met Ted?

Si eres, o fuiste, fan de la serie ***How I Met Your Mother*** (Cómo conocí a vuestra madre), seguro que conoces esta frase tan mítica de Barney para ayudar a Ted a ligar.
Pues bien: **Meet** lo vamos a usar cuando conocemos a alguien por primera vez:

I've just met my future husband.
- Acabo de conocer a mi futuro marido.

I met my best friend at hisghschool.
- Conocí a mi mejor amigo en el instituto.

Peeeero, por supuesto, como en (casi) todas las reglas, existen excepciones.

To meet también lo vamos a usar para 'quedar o reunirse con alguien'.

What time should we meet?
- ¿A qué hora quedamos?

Do you want to meet at the shopping centre on Friday?
- ¿Quieres quedar en el centro comercial el viernes?

12.

Hay algunos sustantivos en inglés que se forman a partir del verbo.

Meeting (reunión) es un ejemplo de ello:
The meeting was on Monday, right?
• La reunión era el lunes, ¿verdad?

To know

To know someone (conocer a alguien) lo vamos a usar cuando conocemos a alguien mucho más, llevamos más tiempo conociéndole y ahora sabemos cómo es.

Digamos que sabemos cómo es esa persona... o eso creemos 

I've been dating my boyfriend for 5 years and now I can say I know him
• Llevo con mi novio 5 años y ahora puedo decir que lo conozco.

Do you know that guy?
• ¿Conoces a ese chico?
Nos referimos a si conocemos cómo es, su aspecto físico, su forma de ser, etc. No si te lo han presentado.

En resumen, usas ***'meet'*** cuando acabas de conocer a la persona y ***'know'*** cuando ya sabemos bastante de ella, no es la primera vez.

Ten en cuenta que cuando hablas en pasado, cuando en aquel momento conociste a esa persona, tienes que utilizar ***meet*** porque en ese momento tú no le conocías, fue la primera vez.

You met him in 2007 and now you know him very well.
• Le conociste en 2007 y ahora le conoces muy bien.

Phrasal Verbs con ***MEET***

- ***Meet up:*** quedar con alguien para hacer algo juntos.

Do you want to meet up at Camden Town?
¿Quieres quedar en Camden Town?

- ***Meet up with:*** verse con alguien, reunirse con.

I'll meet up with Carlos tonight.
Veré a Carlos esta noche.

Expresiones con ***MEET***

- ***To make ends meet:*** llegar a fin de mes.

I need to work at two jobs to make ends meet.
Necesito dos trabajos para llegar a fin de mes.

- ***Meet and greet:*** Normalmente cuando una persona famosa o conocida socializa con sus fans, prensa o invitados.

Este adjetivo cada vez es más usado y rara vez se traduce al español:

I've just won a meet and greet to meet Coldplay!
¡Acabo de ganar un *meet and greet* para conocer a *Coldplay*!

- ***Meet somebody's eye:*** mirar a alguien directamente mientras te miran a ti.

I tried to avoid meeting his eye
Intenté evitar encontrarme con su mirada.

12.

Expresiones con ***KNOW***

- ***Know-how:*** el conocimiento de saber hacer algo

I have the know-how to do this job.
Tengo el conocimiento para hacer este trabajo.

- ***As you/we know it:*** cuando hablas de algo que la gente está familiarizada

I'm sexy and you know it 
Soy sexy y lo sabes.

- ***God/Goodness/Heaven knows:*** para decir que no tienes ni idea de algo

Do you know where Marta is?
¿Sabes dónde está Marta?

God knows.
A saber.

- ***Know your own mind:*** cuando estás seguro de lo que te gusta y de lo que quieres.

Erika has always been a woman who knows her own mind.
Erika siempre ha sido una mujer que sabe lo que quiere.

13.

Homófonos *que te complican la vida*

¿Qué es un homófono?

Los homófonos son palabras que se pronuncian igual pero que ni tienen el mismo significado ni se escriben igual.

Por ejemplo:
See: ver
Sea: mar

Ambas se pronuncian /si:/, pero no tienen el mismo significado y se escriben de manera diferente.

Esta chorradita, nos puede volver locos...

En español, las palabras homófonas pueden ser homógrafas (diferente significado pero se escriben igual):

Gato (animal)
Gato (herramienta)

Mientras que las homógrafas son obligatoriamente homófonas (cosa que no sucede en inglés).

Pues ahora que ya os tengo retorciéndoos en la silla, vamos a ver algunas palabras homófonas muy comunes en inglés para que aprendáis a distinguirlas fácilmente y no metáis la pata con este tipo de palabritas ☺

13.

Allowed /əˈlaʊd/ permitido | ***Aloud*** /əˈlaʊd/ en voz alta

- ***Smoking is not allowed.***
  No está permitido fumar.

- ***The teacher read the story aloud.***
  La profe leyó la historia en voz alta.

Be /biː/ ser | ***Bee*** /biː/ abeja

- ***To be or not to be, that is the question.***
  Ser o no ser, ésa es la cuestión.

- ***Watch out! there is a bee.***
  ¡Cuidado! Hay una abeja.

Buy /baɪ/ comprar | ***By*** /baɪ/ por (preposición) | ***Bye*** /baɪ/ Adiós

- ***I want to buy a new car.***
  Quiero comprar un coche nuevo.

- ***This book was written by Sila Inglés.***
  Este libro lo escribió Sila Inglés.

- ***See you next time, bye!***
  Hasta la próxima, ¡adiós!

Desert /dɪˈzɜːt/ desertar, abandonar | ***Dessert*** /dɪˈzɜːt/ postre

- ***Rats desert a sinking ship***
  Las ratas abandonan el barco que se hunde

- ***My favorite dessert is chocolate***
  Mi postre favorito es el chocolate

Eye /aɪ ojo | ***I*** /aɪ/ yo

- ***My left eye is itching a lot.***
  Me pica mucho el ojo izquierdo.

- ***I like your dress.***
  Me gusta tu vestido.

Flew / flu: / voló | ***Flu*** / flu: / gripe

- ***Diana flew to Menorca yesterday.***
  Diana voló a Menorca ayer.

- ***My sister is in bed with the flu.***
  Mi hermana está en cama con gripe.

Know /nəʊ/ saber | ***No*** /nəʊ/ no

- ***Do you know why he came?***
  ¿Sabes por qué vino?

- ***No, I don't know.***
  (No, no lo sé.)

Packed /pækt/ lleno | ***Pact*** /pækt/ pacto

- ***This bar is packed, let's go somewhere else.***
  Este bar está muy lleno, vamos a otro sitio.

- ***He proposed him a pact that he couldn't reject.***
  Le propuso un pacto que no podía rechazar.

See /si:/ ver | ***Sea*** /si:/ mar

- ***Can you see that man?***
  ¿Puedes ver a ese hombre?

- ***The sea is calm.***
  El mar está calmado.

Sweet /swi:t/ dulce | ***Suite*** /swi:t/ suite

- ***That wine is sweet and easy to drink.***
  Ese vino es dulce y fácil de beber.

- ***It was a luxury suite.***
  Era una suite de lujo.

Wood /wʊd/ madera | ***Would*** /wʊd/ verbo modal

- ***This toy is made out of wood.***
  Este juguete está hecho de madera.

- ***I would have known the truth.***
  Hubiera sabido la verdad.

14.

'A': artículo indefinido, pronunciación indefinida

Ahora vamos a remontarnos a nuestros inicios.

Sí, sí...a nuestras primeras clases de inglés.
Cuando oímos por primera vez aquello del "♫♪ eibisidi... ♫♪"

Lo recordáis, ¿no?

Pues en este capítulo nos vamos a centrar en la primera letra del abecedario: **"a"**.

¿Cómo una simple letrita puede dar lugar a algún que otro quebradero de cabeza?

Bueno, vale, a lo mejor no es para tanto, pero lo cierto es que ha sido motivo de consulta de más de un amigo de mi blog Aprende Inglés Sila.

Por eso, he pensado que vendría bien aclararlo, por si existe alguien más con la misma duda.

Cuando nos enseñaron el abecedario en inglés nos quedó bien claro que la primera letra es la /ei/.

Pero un buen día, nos hablaron de los artículos indeterminados ***A / AN*** y, en cierta manera, nos rompieron los esquemas.

Resulta que ya no escuchábamos a nuestros profesores solo decir /ei/, sino que a veces entendíamos algo que más bien sonaba como /ə/.

Obviamente, al ser principiantes, todavía nadie nos había hablado de la vocal neutra ***schwa.***

Así que en ese preciso instante surgió nuestro desconcierto, y con razón.

Nos comenzaron a asaltar una serie de dudas:
¿Por qué dos pronunciaciones para una misma letra?
¿Por qué unas veces oímos un sonido y otras, otro diferente?
¿Se deberá esto a un motivo meramente de variedad de acentos?
O simplemente, ¿será porque los ingleses son raritos y punto?

Bueno, pues en realidad, la explicación es mucho más simple de lo que algunos de vosotros creéis.

Así que si estáis esperando que os suelte una teoría o una regla, o incluso algún truco... *not this time, my friends...*

Seré súper breve.

Usaremos un ejemplo:
"A hot dog"
/ei ˈhɑtˌdɔg/

Si escuchamos /ei/ en lugar de /ə/ es tan solo por una cuestión enfática, para resaltar esa información en concreto dentro de la oración.

Para entenderlo mejor, veámoslo dentro de un contexto: Supongamos que pedimos un perrito caliente pero el camarero nos trae una hamburguesa.

Para mostrar nuestro enfado podremos decir:
"I want /ei/ ***hot dog not*** /ei/ ***hamburger"***

Con lo cual, todo dependerá de la entonación que queramos darle a nuestras palabras.

Si no pretendemos darle mayor énfasis, pues optaremos simplemente por un
"I want /ə/ ***hot dog".***

Por tanto, /ə/ es la pronunciación "normal" *(weak form)*, mientras que /ei/ es la pronunciación acentuada o tónica *(strong form)*.

Nota

Fíjate que en la pronunciación de **'the'** en inglés... también pasan cosas raras.

Antes de un sonido consonántico, pronunciamos **'the'**, así: /ðə/ (da +o-)
The table /ðə ˈteɪbl/

En cambio, antes de un sonido vocálico, **'the'**, se pronuncia /ði/ (di)
The end / ði ɛnd /

Pero... ¿ por qué no lo vemos más profundamente?
¡Vamos allá!

15.

El lío de la pronunciación de **'The'**

El artículo definido **'the'** es la palabra, de laaargo, más usada del inglés, pero incluso así, es una palabreja que nos suele traer muchos problemas y confusiones a los hispanohablantes, tanto en saber cómo y cuándo usarla a cómo pronunciarla.

Pero vayamos por partes... no os quiero agobiar nada más empezar, jeje

La pronunciación de **'the'**

La pronunciación de **'the'**, como la mayoría de los artículos en inglés, es átona (sin acento). Se pronuncia con una *schwa* / ə/.

'The' se pronuncia: /ðə/ antes de palabras que empiezan con un sonido consonántico:

- ***The banana:*** /ðə bəˈnɑːnə/
- ***The house:*** /ðə haʊs/

Pero debemos tener en cuenta que **'the'** se pronuncia /ði/, antes de palabras que empiezan con un sonido vocálico:

- ***The apple:*** /ði ˈæpl/
- ***The island:*** /ði ˈaɪlənd/

Cositas sobre la *schwa* / ə/

1) El sonido *schwa* es una ***short vowel sound*** (un sonido vocálico corto).

2) Para producir este sonido, no fuerces, sólo relaja la pronunciación porque es un sonido átono.

3) La vocal *schwa* /ə/ es el único sonido en palabras tales como ***a, the, of y that*** (en ***connected speech***).

¡Ojo!

Cuando queremos enfatizar una palabra, aunque esta empiece en consonante, también podemos usar la pronunciación /ði/.

Veamos un ejemplo:

- ***"I spoke to Denzel Washington yesterday"***

- ***"Not the** /ði/ **Denzel Washington! The one who starred in The Magnificent Seven?"***

- ***"No, don't be silly! The** /ðə/ **Denzel who works in the supermarket."***

4) Es un sonido que los angloparlantes controlan a tope, porque es el sonido más frecuente del idioma inglés.

5) Este sonido aparece en casi todas las palabras que contienen más de dos sílabas.

6) Es es imprescindible aprender a pronunciar este sonido si queremos pillar el acento y ritmo de la lengua inglesa.

7) Es un sonido ***unstressed***, es decir que, a menos sea la única vocal de una palabra (monosilábica) como en el caso de ***that***, nunca va acentuado, siempre formará parte de una sílaba átona.

8) Algunos ejemplos donde encontramos la schwa / ə/:

- ***Inspirational*** /ɪnspəˈreɪʃn̩əl/: inspirador
- ***A cup of tea*** / ə ‘kʌpə tiː/: una taza de té

Pues parece que la pronunciación de ***'the'*** no tiene demasiados problemas, ¿no? **¡Pues te equivocas!**

Los hispanohablantes solemos liarnos a la hora de "adivinar" si la palabra singular empieza con un sonido vocálico o consonántico.

Esto es porque, a diferencia del español, en inglés no importa demasiado como empiece una palabra ortográficamente, sino como suena.

El sonido **"h"**

En inglés, hay palabras en las que sí pronunciamos la "h" y palabras en las que la "h" es muda. Entonces, nos complica la pronunciación de ***'the'.***

- Fíjate: ***The hand*** /ðə hænd/
- pero: ***The honor*** / ði ˈɒnə/

Palabras que empiezan con **"u"**

Algunas palabras que empiezan con "u" en inglés se pronuncian con una especie de "y" (*semivowel sound* (/j/)), por tanto, usaremos la versión consonántica de ***'the'***:

- ***The University:*** /ðə ˌjuːnɪˈvɜːsɪti /
- ***The unicorn:*** /ðə ˈjuːnɪkɔːn/

Sin embargo, en otras palabras que empiezan con "u", este primer sonido suena como una vocal (*vowel number* 5 [ʌ]), casi como una 'a' corta:

- ***The umbrella:*** /ði ʌmˈbrɛlə/
- ***The underground:*** /ði ˈʌndəgraʊnd/

Las siglas y abreviaturas

A las siglas, acrónimos, formas cortas y abreviaturas en inglés se les tiene que dar de comer aparte...

La regla continúa siendo la misma, ante un sonido consonántico, usamos /ðə/ y ante un sonido vocálico usamos /ði/, pero...algunas formas cortas se pronuncian letra por letra mientras que los acrónimos se leen de corrido.

Por tanto, debemos saber cómo pronunciar las diferentes siglas (tema muy complicado ya que, además de que el inglés es un idioma muy dado a acortar todo lo que se le eche por delante, con las nuevas tecnologías están surgiendo nuevas siglas cada día...).

It's impossible to be up to date!

Pero veamos algunos ejemplos de la regla básica.

Letra por letra

- ***The US citizen.***
  US: / juː ˈɛs/, por tanto ➤ /ðə juːˈɛs ˈsɪtɪzn/

- ***The ESL exam.***
  ESL: /iː-ɛs-ɛl/, por tanto ➤ /ði iː-ɛs-ɛl ɪgˈzæm/

Importante

Las siglas que empiezan con F, H, L, M, N, R, S, van con /ði/ porque se deletrean con un sonido vocálico "ef", "eich", "el", "en", etc...

- ***The NBC:*** /ði ɛn-biː-siː/

Hasta aquí todo claro, ¿no? pero metamos más lío con los acrónimos... 

Acrónimos

Los acrónimos son las siglas que se leen de corrido, no se pronuncian letra por letra, por tanto se les tiene que tratar como palabras normales y corrientes:

- ***The NATO*** /ˈneɪtəʊ/ (en español decimos OTAN)

Si ***'NATO'*** fuera una sigla, empezaría con 'e', pero como es un acrónimo, empieza con 'n', por tanto, usaremos /ðə/: /ðəˈneɪtəʊ/

15.

Las palabras que empiezan por **"s"**

En español no tenemos palabras que empiecen por la letra 's' que precedan a una consonante, por tanto los anglicismos tales como 'estrés' (***stress***), la RAE los "españoliza", es decir, les añade una 'e' al principio de la palabra.

Es por ello que nosotros tenemos tendencia a pronunciar palabras tales como ***Spain***, ***school*** o ***style*** así: /espein/, /escul/ y /estail/, respectivamente.

Si cometemos este fallo de pronunciación, entonces también cometeremos el fallo gramatical de equivocarnos en la pronunciación de ***'the'***, por mucho que nos sepamos las reglas al dedillo.

Por tanto, si el sonido de la primera letra de ***"snake"*** a nosotros nos suena como una vocal, seguiremos la regla y usaremos /ði/, en vez de /ðə/, que es lo que le corresponde a las palabras que empiezan con sonidos consonánticos.

/ðə sneɪk/

~~/ði sneɪk/~~

**Pero cuidado con las siglas empezadas en "s"... Es "/ði/ SMS" porque el sonido que sigue es una vocal "e" de "es".

Ya casi acabamos... un minutito más de atención 

¿Y qué pasa con las semi-vocales?

Las *semivowels* son consonantes que parecen vocales, es decir, el aire fluye sin causar un sonido con fricción, pero la apertura por la cual pasa el aire es más pequeña que la apertura de una vocal.

Además, al formar palabras, las semi-vocales aparecen en posiciones en las que generalmente aparecen consonantes.

En inglés existen 2 *semivowels:* /w/ (de *wet*) y /j/ (de *yard*).

Estas palabras se usarían con /ðə/ aunque el sonido nos parezca una vocal (es como la "u" de *unicorn* que hemos visto por ahí arriba):

- ***The wet blanket:*** /ðə wɛt ˈblæŋkɪt/
- ***The yard:*** /ðə jɑːd/

16.

Ya sé pronunciar **'The'** pero ¿lo sé usar?

The es el artículo definido del inglés, y es una sola palabra ya vaya con algo en femenino, en masculino, singular o plural.

Esta es la parte más fácil.

A grandes rasgos, su uso no es muy diferente al de nuestros artículos definidos y, en la mayoría de los casos, lo usamos correctamente de manera intuitiva. Y ahora viene el pero...

Hay ciertos casos en los que nosotros usamos este artículo pero los angloparlantes no.

Aquí es cuando vienen los errores...

Cuándo ***THE*** sí se usa

Primero vamos a recordar muy rápidamente los usos de ***the***:

Cuando nombramos algo que ya es conocido, lo cual puede ser por varios motivos:

- **Porque se ha nombrado antes:**
  I saw a very big dog. THE dog was barking.
  Vi un perro muy grande. EL perro estaba ladrando.

- **Porque es algo específico:**
  THE day I met them they were travelling together.
  EL día que los conocí estaban viajando juntos.

- **Porque solo hay uno:**
  THE moon was full that night.
  LA luna estaba llena esa noche.

16.

- ***The*** no se usa con lugares como países, ciudades, lagos, montañas, etc., excepto cuando se trata de un grupo:
  THE United States: Los Estados Unidos
  THE Canary Islands: Las Islas Canarias
  THE Andes: Los Andes

- Sí que se usa con los ríos, océanos y mares: ***THE Nile, THE Atlantic.***

- Con desiertos, bosques, golfos y penínsulas: ***THE Sahara.***

- Con puntos del planeta: ***THE South Pole.***

- Con áreas geográficas: ***THE Middle East.***

- **También usamos *the* con los superlativos:**
  That's THE most stupid thing I've ever heard.
  Esa es LA tontería más grande que he escuchado nunca.

Estas reglas funcionan igual en nuestra lengua y no tenemos ningún problema en usar ***the*** correctamente en estos contextos.

Ahora vendrá lo divertido.

Cuándo ***THE*** no se usa

Nosotros usamos el artículo definido a diestro y siniestro y se nos escapa delante de cualquier cosa.

En inglés no es así, hay muchos casos en los que nosotros usamos artículo y ellos no usan nada o usan otra cosa.

Vamos a verlo:

✓ **NO** usamos *the* con sustantivos en plural cuando estamos generalizando:

- ***Computers aren't expensive nowadays.***
  LOS ordenadores no son caros hoy en día.

- ***Doctors sometimes work under a lot of pressure.***
  LOS médicos a veces trabajan bajo mucha presión.

Recuerda que esto es cuando generalizamos, si que utilizaremos el artículo cuando hablamos de algo específico:

- ***The doctors of that hospital are really good.***

LOS médicos de ese hospital son muy buenos.

✓ **NO** usamos the tampoco con sustantivos incontables, a no ser que estemos hablando de algo específico:

- ***Coffee is the only thing that wakes me up in the morning.***

EL café es lo único que me despierta por las mañanas.

- ***Rice is the main diet in that country.***

EL arroz es la dieta principal en ese país.

Pero...

- ***The coffee I drank this morning was too strong.***

EL café que me bebí esta mañana estaba muy fuerte.

✓ **NO** usamos *the* cuando podemos usar un posesivo. Esto es muy común con las partes del cuerpo, pero también pasa en otros contextos:

- ***He broke HIS leg the day before the trip.***

Se rompió LA pierna el día antes del viaje.

- ***They had to wait for PATRICK'S sister.***

Tuvieron que esperar a LA hermana de Patrick.

✓ **NO** usamos *the* con los días de la semana. Dependiendo de la estructura en que se encuentren, no llevarán nada o la preposición ***on***:

- ***Friday is the only day of the week I see them.***

EL viernes es el único día de la semana que los veo.

- ***I'll send him a mail ON Friday.***

Le enviaré un correo EL viernes.

16.

Next week / last week

Vamos a dedicarle un apartado especial a estas expresiones de tiempo que se lo merecen. Poner un ***the*** delante de ***next*** y ***last*** es un error muy común entre nosotros los hispanohablantes y siempre nos ha confundindo mucho... hasta ahora:

✓ **NO** usamos *the* con las palabras *next* y *last* en expresiones de tiempo cuando queremos decir el siguiente o el pasado:

They're leaving next week.
Se van LA semana que viene.

Last weekend I went to the theatre.
EL fin de semana pasado fui al teatro.

En estas mismas expresiones podríamos usar el artículo ***the***. La regla sería la misma, lo podemos utilizar cuando estamos hablando de, por ejemplo, una semana específica, que no es ni la siguiente ni la anterior al momento en el que estamos. En este caso el significado de la expresión de tiempo cambía tanto que hasta cambia el sentido de ***next*** y ***last***. ***Next*** pasa a ser 'el próximo' en lugar de 'el siguiente' y ***last*** significa 'el último' en lugar de 'el pasado'.

Se entiende mucho mejor con ejemplos:

Next week will be very cold; I need to get a new coat.
- LA semana que viene hará mucho frío; necesito un abrigo nuevo.

THE next week you go let me know and I'll join you.
- LA próxima semana que vayas dímelo y voy contigo.

Last month she got a pay rise.
- EL mes pasado le subieron el sueldo.

THE last month of the year is the best one, we've got many holidays.
- EL último mes del año es el mejor, tenemos muchas vacaciones.

16.

The

SÍ

Con cosas conocidas: ***THE Sun***

Con cosas específicas: ***THE girl I saw***

Con países y otros lugares que son un grupo: ***THE Netherlands***

Con el superlativo: ***THE best***

NO

Cuando generalizamos con plurales o incontables: ***Cats are independent***

Cuando se puede usar un posesivo: ***MY leg***

Con los días de la semana: ***Tuesday/On Tuesday***

Next week / Last week

SÍ

Next significa el próximo:
The next week it's on, we'll watch it
LA próxima semana que esté, la veremos

Last significa el último:
The last year of my degree I worked a lot
EL último año de mi carrera trabajé mucho

NO

Next significa el siguiente:
Next year I'll move to Toronto
EL año que viene me mudaré a Toronto

Last significa el pasado:
Last month I saw a very good film
EL mes pasado vi una película muy buena

17.

Connected Speech

o por qué a los ingleses no se les entiende

Qué es el *Connected Speech*

Cuántas veces nos quejamos de que "los ingleses hablan muy rápido" y de lo difícil que resulta entenderlos en la vida real...

Y nos pasa tanto en niveles intermedios como avanzados, pero no suele ser un problema de falta de vocabulario o de tener una gramática inglesa mediocre.

Porque una misma frase, cuando la vemos escrita, no tenemos problema alguno en identificarla y entenderla, mientras que si un angloparlante pronuncia esa misma frase en un entorno natural, ...es otra historia... No pillamos de la misa la mitad...

¿Por qué nos pasa eso?

La razón real por la que nos cuesta pillar el inglés hablado de la calle es porque el habla es un chorro de sonidos, sin límites realmente claros entre palabras.

En inglés las palabras no se pronuncian sílaba a sílaba.
Y no se dice una palabra, luego se para, luego otra palabra, se para, otra... ¡Noooo! El lenguaje fluye con un ritmo determinado y, además, las palabras chocan y se solapan entre sí.

Es decir, en inglés escrito podemos ver perfectamente dónde empieza y termina una palabra y dónde empieza y acaba la siguiente.

Sin embargo, en el inglés oral ese contraste se vuelve borroso, se difumina en el aire y, de repente, las palabras no empiezan ni acaban sino que se vuelven todas un ente difuso que existe como un todo.

Pero, ¡cuidado!, no te creas que esta manera de solapar palabras ocurre sólo en inglés, *no my friend,* nosotros hacemos exactamente lo mismo en español aunque no seamos conscientes...

Los extranjeros que están estudiando español, también ven como nosotros solapamos las palabras y decimos:

"Míjosácansáo" en vez de decir: **"Mi hijo se ha cansado"** 

Quien no tenga el oído acostumbrado al inglés real, no al de profes de inglés que pronuncian cada palabra en una oración como si fueran unidades independientes, se vuelve loco y cree que los angloparlantes no hablan inglés, sino chino.

Entonces tenemos que tener en cuenta que, en el inglés hablado, ciertas palabras (casi) se pierden y ciertos sonidos se unen con otros para crear nuevos sonidos.

Conectamos palabras y sonidos y nos "inventamos" un nuevo lenguaje, diferente al que vemos escrito...

A ese caos de pronunciación que nos vuelve locos a los que intentamos aprender inglés se le llama *Connected Speech.*

Aspectos del ***Connected Speech***

Entonces, ¿cómo hago para enterarme de lo que me están hablando?
Para eso tenemos que entender qué son las ***weak forms*** para poder identificarlas en una frase y, a partir de ahí, ver cómo podemos pillar el *Connected Speech*, el inglés real.

Weak forms

Las ***weak forms*** (formas débiles) son palabras en inglés que **NO** se consideran "esenciales", son palabras funcionales (*function words*) que no tienen un significado pleno y se pueden perder fácilmente en la pronunciación de una frase.

El sonido principal de estas formas, al no estar acentuado (*stressed*) se suele sustituir por la famosa Schwa (ver capítulo 15).

¿Y qué palabras no tiene un significado pleno y por tanto se esfuman en la nada?

17.

Pues las conjunciones, pronombres, preposiciones, auxiliares y artículos. Estas formas no son "esenciales" en significado, son "funcionales".

Claro que son importantes, pero un poco menos que las ***"full / strong form"*** (verbos, sustantivos, adjetivos y adverbios).

La pérdida de estas ***weak forms*** en el inglés hablado nos pueden volver locos a los que esperamos escuchar todas las sílabas de una palabra y todas las palabras de una frase...

Veamos algunos ejemplos de ***weak forms*** en el ***Connected Speech***

Artículo ***'a'***

I bought a car

Connected speech: /ˈaɪ ˈbɔːt ə kɑː/

Palabra por palabra:

ˈaɪ

ˈbɔːt

eɪ

kɑː

Pronombre ***'him'***, preposición ***'to'***:

Tell him to go

Connected speech: /tel ɪm tə gəʊ /

Palabra por palabra:

tel

hɪm

tuː

gəʊ

17.

Conjunción *'and'*:

Fish and chips
Connected speech: /fɪʃ ən tʃɪps/

Palabra por palabra:
fɪʃ
ænd
tʃɪps

Weak Forms vs ***Strong Forms***

¿Entonces todos los pronombres, preposiciones, etc... son ***weak forms*** en todos los casos?

¡Noooooo!

Depende del contexto. Os explico:
Una razón es que depende de dónde se ponga el énfasis de la frase.

Otro tema es que la ejecución de estas palabras en ***weak*** o ***strong form*** también depende de si estas palabras están aisladas o de si forman parte de una frase.

Un ejemplo muy claro de ***weak form*** vs ***strong form*** lo acabamos de ver en los capítulos 14 y 15 sobre la pronunciación de los artículos ***'a'*** y ***the'*** cuando hablábamos de la diferente pronunciación dependiendo de si le poníamos énfasis o no.

Hemos visto el ejemplo de la frase "Quiero un hot dog":
Sin énfasis:
"I want /ə/ ***hot dog"***

Con énfasis:
"I want /ei/ ***hot dog"***

O el ejemplo de Denzel Washington cuando hablábamos del énfasis de ***'the'***:

- ***"I spoke to Denzel Washington yesterday"***
- ***"Not the*** /ði/ ***Denzel Washington! The Denzel who starred in The Magnificient Seven?"***
- ***"No, don't be silly! The*** /ðə/ ***Denzel who works in the supermarket."***

17.

En las siguientes tablas puedes ver algunas palabras en su versión ***'weak'*** y en su versión ***'strong'***.

Determinantes y cuantificadores:

Ortografía	*Strong form(s)*	*Weak form(s)*
The	/ðiː/	/ðɪ/, /ðə/
A / an	/eɪ/, /an/	/ə/, /ən/
Some	/sʌm/	/səm/, /sm̩/

Pronombres:

Ortografía	*Strong form(s)*	*Weak form(s)*
His	/hɪz/	/ɪz/
Him	/hɪm/	/ɪm/
Her	/hɜː/	/hə/, /ə/, /ɜː/
You	/juː/	/jʊ/, /jə/
Your	/joː/	/jə/
She	/ʃiː/	/ʃɪ/
He	/hiː/	/ɪ/
We	/wiː/	/wɪ/
Them	/ðɛm/	/ðəm/, /əm/
Us	/ʌs/	/əs/, /s/

Preposiciones y conjunciones:

Ortografía	*Strong form(s)*	*Weak form(s)*
Than	/ðan/	/ðən/
At	/at/	/ət/
For	/foː/	/fə/
From	/fɹɒm/	/fɹəm/, /fəm/, /fm̩/
Of	/ɒv/	/əv/, /v/
To	/tuː/	/tə/, /tʊ/
And	/and/	/ənd/, /ən/, /n̩d/, /n̩/
But	/bʌt/	/bət/
That	/ðat/	/ðət/

Auxiliares:

Ortografía	Strong form(s)	Weak form(s)
Can	/kan/	/kən/, /kn̩/
Has	/haz/	/əz/, /z/
Will	/wɪl/	/l/
Should	/ʃʊd/	/ʃəd/
Do	/duː/	/də/, /d/
Am	/am/	/əm/, /m̩/
Are	/ɑː/	/ə/
Was	/wɒz/	/wəz/
Were	/wɜː/	/wə/

Fíjate en la pronunciación y verás como la forma ***'weak'*** es la forma más relajada...

Cuando aprendemos a pronunciar bien inglés y su ***Connected Speech***, no solo tenemos que aprender a identificar y 'descifrar' estas *weak forms*, sino que también tenemos que aprender y habituarnos a utilizarlas cuando hablemos en inglés.

Si no lo hacemos, seguro que no sonaremos "naturales" y no "enfatizaremos" las partes importantes de la frase.

Será más complicado hacer llegar nuestro mensaje, comunicarnos en inglés.

Este tema tiene telita, lo sé,
y se puede complicar todavía más...
pero eso es otra historia

18.

Cómo usar **Either** y **Neither**

Las palabras ***either*** y ***neither*** crean mucha confusión entre los hispanohablantes cuando estamos aprendiendo inglés.

El problema es el de siempre, como nosotros en nuestra lengua tenemos una sola palabra, (tampoco), para las dos, nunca sabemos si usar una o la otra... pero en realidad es muy fácil y ahora veréis que con un par de explicaciones lo entenderéis rápido.

¿***Either*** o ***Neither***?

Para saber cuándo usar una o la otra tendremos que aplicar una regla que es una vieja conocida.

Como ya sabéis, el inglés no permite la doble negación, es decir, no puede haber dos palabras que tengan sentido negativo en la misma frase.

Esto es matemática pura, en inglés negativo más negativo es igual a positivo (algo que no pasa en nuestra lengua y que nos lleva por la calle de la amargura).

Así que cuando en una frase el verbo está en negativo, ya no podrá haber ningún otro elemento negativo en esa misma oración. Lo que haremos será utilizar un elemento que sea positivo o neutro.

Vamos a aplicar todo esto a las palabras *either* y *neither.*
Pero... ¿cuál de las dos es la negativa y cuál la neutra?

Muy fácil, la negativa es la que empieza por 'n', como en *no, nothing, never,* etc...

Podríamos decir que *neither* es la palabra que relamente significa tampoco, pero al ser una palabra negativa, hacía falta una versión neutra para utilizarla en las frases negativas. Aquí es donde *either* entra en acción.

Vamos a ver cada palabra por separado con algunos ejemplos para que nos quede más claro.

Either

Either es la versión neutra de nuestro tampoco y es la palabra que utilizaremos en frases negativas.

De esta manera el verbo no se verá afectado por un complemento y el sentido general de la oración seguirá siendo negativo.

Esta palabra siempre irá al final del todo.

Ejemplos:

I don't like running EITHER.
- A mí tampoco me gusta correr.

I haven't asked for your opinion EITHER.
- No te he pedido tu opinión tampoco.

He isn't a genius EITHER.
- Él tampoco es un genio.

¡Ojo!

La palabra *either* tiene otro significado cuando se utiliza en una estructura diferente.

Sólo significa 'tampoco' cuando está en una frase negativa al final de dicha frase.

En estos otros casos da el sentido de 'uno o el otro' o 'ambos'.
Pero esa es otra historia...

18.

Neither

Neither nunca se usa en frases ya que, por un lado, si se usara con un verbo negativo cambiaría su sentido a positivo y, por otro, usarlo con un verbo en positivo sería un error gramatical y no se puede hacer.

Entonces, ¿cuándo usamos *neither*?

Pues se utiliza cuando queremos reaccionar a lo que otra persona dice con una respuesta corta como 'yo tampoco': *me neither.*

Lo que haremos será usar un sustantivo o un *object pronoun* (pronombres objeto) seguido de la palabra *neither.*

Vamos a ver ejemplos:

- ***We aren't taking that table to the new house.***
- ***The chairs neither.***

  No nos llevamos la mesa a la casa nueva.
  Las sillas tampoco.

- ***They aren't going to the party.***
- ***Us neither.***

  Ellos no van a ir a la fiesta.
  Nosotros tampoco.

- ***Tim doesn't know what time we're meeting.***
- ***Mark neither.***

  Tim no sabe a que hora hemos quedado.
  Mark tampoco.

¡Ojo!

Como pasa con *either, neither* también puede aparecer en otra estructura con otro significado. *Neither* en su caso daría el sentido de ninguno, siendo entonces el antónimo de *either.*
Pero de eso ya hablaremos en otra ocasión.

Nota

Hay otra manera de decir **'yo tampoco'** en la que también utilizamos *neither*, pero como es un poco más complicado vamos a dejarlo para el siguiente capítulo en el que profundizaremos más en este tema.

Recapitulemos...

DIFERENCIA ENTRE *EITHER* Y *NEITHER*

Vamos a resumir los usos de estas palabras que, a partir de ahora, ya no nos crearán más confusión:

- ***Either*** es la versión de tampoco que usamos en frases negativas e irá al final de la misma:

  She doesn't want to talk to you EITHER.
  Ella tampoco quiere hablar contigo.

- ***Neither*** es la palabra que usamos en expresiones del tipo 'yo tampoco' y consistirán en un sustantivo o un pronombre objeto seguido de ***neither***:

  I don't want to work at the weekend.
  Me NEITHER.
  No quiero trabajar los fines de semana.
  Yo tampoco.

19.

Como decir "**yo también**"/ "**yo tampoco**"

Es curioso que las estructuras en inglés a veces parezcan tan simples y que haya otras veces en las que se compliquen tanto la vida...

"Yo también" y "yo tampoco" son una de estas estructuras donde los ingleses se complican y, de camino, nos hacen la vida imposible a nosotros.

¿Cómo puede algo tan simple convertirse en algo tan enrevesado?
¿Es que un *"me too"* no bastaba?
Pues parece ser que no... pero no nos estresemos.

Vamos a ver que una vez que se le coge el tranquillo a estas estructuras tampoco es para tanto...

La manera fácil de decirlo

Vamos a empezar por la estructura más fácil para decir yo también y yo tampoco. Es una manera de decirlo muy parecida a la nuestra y no tenemos mucha dificultad en aprenderla.

Lo que haremos será utilizar un sustantivo o pronombre objeto seguido de la palabra *too* (también), para la versión positiva y *neither* (tampoco), para la negativa.

Es decir:

Yo también = ***Me too***	***I'm tired*** • Estoy cansada	***Me too*** • Yo también
Yo tampoco = ***Me neither***	***I can't stand it*** • No lo soporto	***Me neither*** • Yo tampoco

Ahora solo se trata de ir cambiando el *'me'* por la persona que toque.

Esto es muy fácil, pero vamos a ver algunos ejemplos que nunca está de más:

I hope you have a very good holiday
YOU TOO. Send me some pictures
• Espero que tengas muy buenas vacaciones
• Tú también. Envíame fotos

We're living in London
Really? SARAH TOO!
• Estamos viviendo en Londres
• ¿De verdad? ¡Sarah también!

We want to try that new restaurant
US TOO. We've booked for tomorrow
• Queremos probar ese restaurante nuevo
• Nosotros también. Hemos reservado para mañana

You've never been funny
YOU NEITHER
• Tú nunca has sido gracioso
• Tú tampoco

Our classmates didn't understand our presentation
OUR TEACHERS NEITHER
• Nuestros compañeros no entendieron nuestra presentación
• Nuestros profesores tampoco

Alex didn't pass the exam. What about Jane?
HER NEITHER. They should've studied more
• Alex no aprobó el examen. ¿Y Jane?
• Ella tampoco. Deberían haber estudiado más

La manera menos fácil

Si esto se quedara aquí sería muy fácil, pero no es el caso...

Ahora vamos a ver una estructura un poco más compleja para decir yo también y yo tampoco.

19.

Esta estructura es muy común y usarla nos hará sonar más como ellos.

Además, veremos que hay un caso en el que esta es la única posibilidad que tenemos si queremos hablar correctamente.

Pero vayamos *step by step.*

So do I

Para decir 'yo también' tendremos que seguir la siguiente estructura:

So **+ verbo auxiliar + pronombre o nombre** { ***So do I*** (yo también)

El verbo auxiliar dependerá del tiempo verbal al que se esté reaccionando.

Así que si el verbo inicial es en presente simple el auxiliar será *do* o *does;* si es el presente perfecto será have o has y si es pasado simple será *did.*

Vamos a verlo en contexto:

I thought he had already arrived
SO DID I
- Pensaba que ya había llegado
- Yo también

Aquí el auxiliar es *DID* porque responde al verbo *THOUGHT, Past Simple.*

Laura has paid the fee
And SO HAS PETER
- Laura ha pagado las tasas
- Y Peter también

***Present Perfect,* así que el auxiliar es *HAS* para la tercera persona.**

I'll end up living abroad
SO WILL I
- Acabaré viviendo en el extranjero
- Yo también

Recuerda que los verbos modales también son verbos auxiliares.

Neither do I

Pues para decir 'yo tampoco' tendremos que seguir la misma estructura, solo hay que cambiar la primera palabra por tampoco,

Neither **+ verbo auxiliar + pronombre o nombre** { ***Neither do I*** (yo tampoco)

También hay que seguir la misma regla para elegir el verbo auxiliar, aunque, en este caso, el auxiliar tendrá que cambiar de negativo a positivo.

El verbo al que reaccionamos estará en su forma negativa, lo que quiere decir que tendrá el auxiliar en negativo.

Cuando contestamos y decimos yo tampoco usando esta estructura, el auxiliar será el mismo pero en positivo.

Os estoy liando, ¿a que sí?

Así dicho parece un poco confuso, pero con los ejemplos veréis que es más fácil de lo que parece:

I wasn't listening to him (negativo).
NEITHER WAS I (positivo).

- Yo no lo estaba escuchando.
- Yo tampoco.

The original drummer isn't part of the band anymore (negativo).
NEITHER IS THE SINGER (positivo).

- El batería original ya no es parte del grupo.
- El cantante tampoco.

I can't play any musical instrument (negativo).
NEITHER CAN I (positivo).

- No sé tocar ningún instrumento musical.
- Yo tampoco.

19.

Una cosita más...

Ahora que esta estructura ha quedado clara, estaréis impacientes por saber cuál es ese caso en el que esta última es la mejor opción de las dos que tenemos, sobre todo para sonar un poco más *native*, ¿verdad?
Vamos a salir de esta intriga...

Cuando 'yo también' y 'yo tampoco' se encuentran dentro de una misma oración, y no es una reacción a lo que otra persona dice, *So do I* y *Neither do I* son la opción correcta.

Vamos a verlo con ejemplos:
They have a lot of things to do, but SO DO I
Ellos tienen muchas cosas que hacer, pero yo también

Everybody will be there, and SO WILL YOU
Todo el mundo estará allí, y tú también

Dave didn't pay the bill and NEITHER DID CHRIS, who did then?
Dave no pagó la cuenta y Chris tampoco, ¿quién fue entonces?

I know she doesn't mean it, but NEITHER DO I
Sé que ella no lo dice en serio, pero yo tampoco

¿A que ya va sonando menos raro?

Vamos a darle un repaso a todo:

Cuando 'yo también' y 'yo tampoco' son una reacción a lo que alguien dice, tenemos dos opciones:

Yo también: ***Me too*** o ***So do I***
Yo tampoco: ***Me neither*** o ***Neither do I***

- Cuando encontramos estas dos expresiones dentro de una misma oración, la opción correcta es:

Yo también: ***So do I***
Yo tampoco: ***Neither do I***

20.

Diferencias "sutiles" entre **Can** y **Could**

Si preguntara cuál es la diferencia entre *can* y *could,* muchos me contestarían que la primera es el verbo modal "poder" en presente y la segunda, en pasado...

Bueno, no está mal, pero ahora me voy a centrar en algo un poquillo más avanzado: la diferencia entre *can* y *could* para sugerir o expresar posibilidad teniendo en cuenta la intención del hablante.

Generalmente la diferencia es clara a partir del contexto, pero también se puede usar can para expresar posibilidad (además de habilidad).

Por ejemplo, puedes preguntar tanto:
How can I learn Japanese?
- ¿Cómo puedo aprender japonés?

como

How could I learn Japanese?
- ¿Cómo podría aprender japonés?

Y la respuesta podría ser bien usando *can* o *could.*
You can travel to Japan, work in Tokio and read the newspaper in Japanese.

You could travel to Japan, work in Tokio and read the newspaper in Japanese.

20.

Diferencia entre ***can*** y ***could*** dependiendo del contexto

Pero entonces, ¿cómo sé cuándo usar ***can*** o ***could***?
¿Ambas son correctas?

Mira:

- ***How could I learn Japanese?***
  Se usa más en cierta manera para pedir consejo.

- ***How can I learn Japanese?***
  Es una pregunta basada en hechos, es decir, para valorar las diferentes opciones.

En cuanto a las respuestas:
Sí son correctas, pero la sutil diferencia es que si usas ***could***:

- ***You could travel to Japan...***
  Enfatiza el hecho de que es una sugerencia, un consejillo.
  Es una frase más subjetiva.

mientras que si usas ***can***:

- ***You can travel to Japan***
  Da la idea de que es una opción (entre otras posibles) que tienes para aprender japonés.
  Es un hecho objetivo.

La intención es lo que cuenta ***(It's the thought that counts)***

En inglés, cuando se hacen sugerencias o peticiones, se suele ser cauto y correcto por miedo a parecer que no sugieres sino que impones, por eso se suele usar ***could***:

You could go to buy lunch ("sugerencia" que en el fondo significa: ¡Ve a comprar algo de comer, va!)

Could you help me with this? ("petición" que en el fondo significa: ¡Va, levántate del sofá y échame una mano!)

Por eso, para aconsejar y sugerir, es mejor usar ***could*** y reservarse el ***can*** en contextos similares para declaraciones más objetivas.

O sea que ya sabes, aprender un idioma no solo es aprenderse las reglas gramaticales o las formas verbales, es entrar en la "mente cultural" del hablante y si ellos usan una forma más indirecta de decir, sugerir, preguntar o exigir, haz lo mismo.

Como dicen los angloparlantes: ***In Rome do as Romans do*** (donde fueres, haz lo que vieres).

21.

Más modales confusos: **Must, Might** y **Should**

Está genéticamente comprobado que el carácter latino hace que nuestra lengua sea directa, sin muchos rodeos. Y en nuestro afán de ir al grano, a veces no somos tan políticamente correctos ni *"polite"*.

Es algo cultural, no lo hacemos con ánimo de ser bruscos. Pero podemos parecerlo.

Por ejemplo, a la hora de pedirle a alguien que haga algo, diríamos:

You have to wear a suit
Te tienes que poner traje

Así sin más. Es lo que queremos y nos entendemos perfectamente. No vemos ningún matiz negativo ni nos ofendemos ante tal petición. Hacemos (o no) lo que haya que hacer, y no le damos más vueltas.

Sin embargo, en inglés, sobre todo si lo vamos a utilizar en Gran Bretaña, se tiende a lo que se llama *"beat around the bush"*; dar un poco de rodeo y ¡pedir las cosas como si no nos importara tanto que se hagan o no!

Y todo, ¿para qué?, pensaréis. "Pero si nos entienden igual".

Pues sí, no os quito la razón.

Nos entenderán igual, pero si hablamos así, de esa forma tan directa, sus tiernos oídos anglófonos captarán órdenes más que peticiones. Y eso debemos entenderlo si no queremos parecer unos mandones.

Intentemos sonar más delicados en nuestro tono. **¿Os acordáis cuando les hacíais la pelota a vuestros padres cuando queríais conseguir algo?**

Pues digamos que debemos ir en esa línea. Según la situación, podemos incluir alguno de los llamados verbos modales;

21.

Must

Es, literalmente, **"tienes que"/"debes".**

You must clean your room.
- Tienes que/debes limpiar tu habitación (madre a su hijo).

I must wear a suit.
- Me tengo que poner un traje (porque existe un código de vestimenta concreto).

You must finish this report.
- Debes terminar este informe (el jefe al empleado).

Es una orden, tu obligación, o un requisito.

Es seguramente como te hablaría tu madre o tu jefe. O como te referirías a algo que tienes que hacer pero no te apetece. Es muy útil para dejar claro que no hay discusión que valga.

Might and May

Se aproximan a un "podrías" o "quizá tengas que".

You might/may have to clean your room if she comes over.
- Puede que tengas que limpiar tu habitación si ella viene.

Te permite expresar la posibilidad de que algo sea necesario, anticipar un evento, etc. Si se diera esa situación concreta, quizás estaría bien que lo hicieras.

I might wear a suit.
Puede que me ponga traje.

I might have to wear a suit.
- Puede que tenga que ponerme traje.

También lo puedes utilizar si no te quieres comprometer demasiado, o no estás seguro si harás algo.

"I might go" dependerá de cuantas ganas de ir tengamos.
Puede que vaya

"I might have to go" dependerá de alguna condición que nos obligue a ir.
Puede que tenga que ir

Es muy útil diferenciarlos para evitar malentendidos;

Should es un "deberías", pero no con ese tono de obligación que tenía el ***must.***
El ***should*** sirve para aconsejar.

You should clean your room
- Deberías limpiar tu habitación

También, lo podemos emplear por aquello del peloteo del que hablamos antes.

Cuando quieres que hagan lo que les estás pidiendo, sí o sí, pero no tienes esa autoridad característica del ***must***, lo pides con el ***should***, que le da ese tono de buen rollo...

y dicho de esta manera, ¡quién se va a negar!

También es útil cuando no estamos seguros de lo que se espera de nosotros.

Should I wear a suit?
- ¿Debería ponerme traje?

Entre tanto rodeo y tanta sutileza nos podemos llegar a liar. Para evitarlo, os recomiendo que tengáis claros los diferentes usos para captar los diferentes matices de los modales.

22.

Diferencia entre **As** y **Like**

Aquí tenemos dos palabras muy comunes en inglés y que solemos confundir mucho: *AS* y *LIKE,* cuya traducción en español sería: COMO.

Vamos con algunos ejemplos para que podáis ver las diferencias entre ambas.

Let's see!

As

Lo usamos para hablar sobre una profesión que estamos ejerciendo.

Por ejemplo:

- ***I work as a waitress*** = Trabajo como camarera (O también diríamos "Trabajo de camarera").
- ***I work as a doctor***
- ***I work as a singer***

Fijaos que el trabajo que realizamos siempre va seguido de un artículo indeterminado (*a/an*). Esto es muy importante ya que en español no lo usamos.

Objeto

En muchas películas vemos como usan diferentes objetos como armas, ¿verdad? Por ejemplo, ¿en qué película de miedo no sale el típico personaje cogiendo cualquier utensilio de cocina y lo usa como un arma? Por ejemplo, una sartén.

- ***He used a pan as a weapon!***
  ¿O quién no ha cogido el bote de champú para usarlo como micrófono en la ducha? ¿O la escoba?
- ***I used the shampoo bottle as a microphone.***
- ***I used the broom as a microphone.***

22.

AS + *ADJECTIVE* + *AS*

Esta fórmula se usa para comparar cosas.

Por ejemplo, cuando vamos a una ciudad y nos resulta una ciudad precioooosa, tanto como la que ya visitamos el año pasado en otro viaje.

Dirías:
Wow! This city is really as beautiful as the one we visited last year, don't you think?

Nuestra traducción aquí sería TAN… COMO:
¡Guau! Esta ciudad es tan preciosa como la que visitamos el año pasado, ¿no crees?

Veamos un ejemplo con oración en negativa:

- ***My friend isn't as pretty as her sister.***
  Mi amiga no es tan guapa como su hermana.

- ***This swimming pool isn't as full as the other one.***
  Esta piscina no está tan llena como la otra.

Vamos a ver palabras que van con *AS* y que nosotros muchas veces confundimos y cambiamos por *LIKE*, cosa que a los ingleses les chirría mucho:

AS ALWAYS - COMO SIEMPRE
AS USUAL - COMO DE COSTUMBRE
THE SAME AS - LO MISMO QUE

¡Ojo!

¡Cuidado!
Solemos meter la pata al decir the same ***THAN***, por eso del comparativo y tal, ¡pero no! Es ***AS***.

Repítelo mil veces (o más) para que se te quede:
"The same as, the same as, the same as, the same as…"

Seguro que ya no te equivocas más 

22.

Los angloparlantes también usan mucho el ***"As you know"***.

Si ves series o películas en inglés, seguro que lo has escuchado un montón de veces. Esto lo traducimos en español como "como (ya) sabes" (valga la redundancia).

As you know, the doctor said you should take those pills before dinner.
- Como sabes, el médico te dijo que te tomaras las pastillas antes de cenar.

Such as

Esto parece que nos gusta mucho usarlo ya que queda como muy *"fancy"* (sofisticado), ¿no? Como que sabemos de qué va el tema.

Lo usamos cuando queremos introducir varios ejemplos de algo que estamos hablando.

Por ejemplo:
Some European countries, such as France, Portugal, Italiy or Spain, are going through a rough financial crisis.
- Algunos países europeos, como Francia, Portugal, Italia o España, atraviesan una gran crisis financiera.

Para introducir ejemplos, también podemos usar *LIKE* pero como ya he dicho antes, *such as* es más *"fancy"*. Es más formal y, por tanto, se usa más cuando escribimos.

¡Cuidadito con usar ***SUCH AS*** para comparar algo!
¡Solo lo usamos para introducir ejemplos de algo!

Basta ya de hablar de *AS*, vayamos con *LIKE*...

Like se traduce como "parecido a" o "lo mismo de". Como preposición que es va a ir seguido de un sustantivo o pronombre.

My younger brother loves reading like me.
- A mi hermano pequeño le encanta leer como a mí.

She runs like a profesional.
- Corre como una profesional.

Usamos también *like* para decir que algo es típico de alguien.

Todos conocemos a alguien que sieeeeeeempre llega tarde, el que siempre te dice que ya está saliendo de casa y en realidad acaba de salir de la ducha.

Y siempre decimos:
Es tan típico de ti llegar tarde... (No sé vosotros, pero yo odio la impuntualidad).

¿Cómo lo dirías en inglés?
It's so like you to be late.

Otro ejemplo sería:
It's so like Sarah to be so clumsy (Es tan típico de Sarah ser tan patosa).

Look like

Significa parecerse o tener parecido.

Por ejemplo, la típica tía que lleva años sin verte y te dice:
- ¡Ay, ¡Qué guapa estás! ¡Te pareces a tu madre!
How beautiful you are! You look like your mother.

O... Tenemos pensado ir a dar una vuelta al parque, ¡pero te asomas a la ventana y ves el cielo... ***Oh no! It looks like it's going to rain!*** = ¡Parece que va a llover!
Y adiós plan.

Por último, como ya comentamos antes, *like* se puede usar para introducir ejemplos de algo que estamos hablando, como con *AS*, solo que *like* es más informal.

TIP

Said* = *Like
Así es como las generaciones más jóvenes hablan. Cuando repiten una conversación, nadie en *Reported Speech* dice ***"says"***.
En vez de eso usan ***"like"***.

Por ejemplo:
Sally was like, I don't know what to do about Ethan. So Jessica was like, he's no good for you.
Sally dijo: "no sé qué hacer con Ethan". Así que Jessica dijo: "no te conviene".

(No lo uses demasiado a no ser que seas un *teenager*).

23.

¿Qué debo usar: **See, Look at** o **Watch**?

¿Sabes la diferencia entre estas palabras?

Claro que por significar "mirar" y "ver" se usan mucho, ¡pero estas son dos palabras en castellano para tres que usamos en inglés!

Hay algo aquí que no cuadra: toca revisar las palabras una por una.

See

Es una palabra inactiva. Eso significa que no hay intencionalidad, es simplemente una cosa que pasa, que haces sin pensar.

Por ejemplo, imagina que estás en la calle:
What do you see?
• ¿Qué ves?

Si te pregunto esto, simplemente es para saber qué pasa en frente de ti, lo que percibes con los ojos, quieras o no.

Para contestarme, puedes responder con una variedad de respuestas, la que corresponda con tu realidad:

I see people walking.
• Veo gente caminando.

I see cars.
• Veo coches.

I see a woman in a blue dress.
• Veo una mujer con un vestido azul.

Look at

Es una palabra activa. Eso significa que es algo intencionado: algo que quieres y que eliges hacer. Esta palabra se usa cuando ves o miras algo por un breve o corto tiempo.

Oh my gosh, look at that man!

¡Oh, Dios mío, mira a ese hombre!

Te estoy pidiendo que *'look at'* (que mires intencionadamente).

Si alguien te dice *Look at me* (mírame), simplemente quiere que le mires, quizás porque está molesto contigo, o simplemente porque está muy orgulloso de su apariencia.

Otros ejemplos:

Do not look at other people's tests.

- No mires los exámenes de los otros.

Look at the stars tonight!

- ¡Mira las estrellas esta noche!

I am looking at my scores.

- Estoy mirando mis resultados.

¡Ojo!

Cuando no quieres especificar qué mirar, y quieres decir a tu amigo: '¡Mira!', solo vas a decir *'Look!'*.

Ya que *"at"* es una preposición para especificar a qué mirar.

Y finalmente:

23.

Watch

También es un verbo activo, con toda la intencionalidad y querer que de *'look'*, pero **watch** lo haces por más tiempo y normalmente suele haber algo ahí que se está moviendo.

- ***I am watching the best movie!***
  ¡Estoy viendo la mejor pelicula!

- ***I like to watch my cat play.***
  Me gusta mirar a mi gato cuando juega.

Una cosa más:
A veces escucharás a alguien usar *"see"* cuando está mirando una película.

Normalmente, cuando usan *"see"*, quieren decir que han ido al cine para ver una película y cuando usan *"watch"*, la vieron en casa.

En los casos que usan *"watch"* pero la vieron en el cine, generalmente lo acompañarán con *"go and"*:

- ***I saw the new blockbuster yesterday.***
  (En cine).

- ***Last night I watched a movie with my boyfriend.***
  (En casa).

- ***I went to Yelmo and watched a funny movie.***
  (En cine-Yelmo).

Now, go and see what more there is to learn, take a look and watch your knowledge grow!

Y para oír/escuchar ¿uso **Hear** o **Listen**?

Con estas dos palabritas tendemos a equivocarnos y a usar una en lugar de la otra cuando no es así.

En español, muchas veces, también tenemos este problema: no sabemos diferenciar entre oír y escuchar.

Escuchar es algo que se hace intencionadamente. Lo que es poner la oreja de toda la vida. En cambio, oír es algo que sucede de repente y no estábamos prestando atención.

La diferencia en inglés, es más o menos similar.
Are you ready?

Cuando escuchamos (*listen*), prestamos atención, cotilleamos lo máximo posible. Por ejemplo, estás en la cocina preparando la comida y de repente oyes (*hear*) unas voces que vienen del descansillo y te acercas a la puerta y pones la oreja para escuchar (*listen*) lo que tus vecinas están hablando. Porque aquí todos somos muy cotillas.

- ***You know what? I suddenly heard some people talking outside, then I came closer to the door and I listened to Paca and Manola talking about Pepa's son. They said that he got a girlfriend! Can you believe it???!!!***
  ¿Sabes qué? De repente oí a gente hablando fuera, me acerqué a la puerta y escuché a Paca y a Manola hablando sobre el hijo de la Pepa. ¡Dicen que tiene novia! ¡¡¡¿¿¿Te lo puedes creeer???!!!

¡¡¡¡Recuerda que cuando usamos *LISTEN*, detrás ponemos *to*!!!!

LISTEN* + *TO* + *SOMEONE / SOMETHING
ESCUCHAR + (A) + ALGUIEN / ALGO
I listen to the radio on my way home
Escucho la radio de camino a casa

I listen to my grandma when she tells her stories.
- Escucho a mi abuela cuando cuenta sus historias.

I listen to the TV when cooking.
- Escucho la televisión cuando estoy cocinando.

24.

...Y así millones de ejemplos más.
SIEMPRE HAY QUE AÑADIR ***to*** después de ***listen***.
¡¡¡¡SIEMPRE!!!!

Siempre, siempre excepto cuando no vamos a añadir un objeto detrás o si es un ***"discourse marker"***:

Listen, I need you to help me to organise this party
Oye, necesito que me ayudes a organizar esta fiesta

(Ese ***"listen"*** es un *discourse marker* porque introduce o da comienzo a la oración "importante").

We went to class, we just sat there and listened
Fuimos a clase, nos sentamos y escuchamos

(Te sentaste en la silla y escuchaste, sin más, sin especificar a qué o a quién).

Hear no se suele usar en la forma continua.

Queda muy raro decir:
I'm not hearing you
No te oigo (cuando estás al teléfono)

pero sí que se usa con ***can***:
I can't hear you.

Así que recuerda que hear no es compatible con ***-ing***.
Y no es nada bueno obligar a alguien a estar con alguien,
así que respetemos sus decisiones.

Phrasal verbs con ***'listen'***

Listen up!:

¡Presta atención!
y se suele usar como una orden:

Listen up! This is important and I'm going to tell you this once!
• ¡Escuchad! ¡Esto es importante y solo lo diré una vez!

Listen in:

escuchar una conversación a hurtadillas o unirse a una conversación como oyente:

I think they are talking about our friend. Let's come closer and listen in!
• Creo que están hablando de nuestra amiga. Vamos a acercarnos y escuchar.

I would like to join your class to listen in to your discussion.
• Me gustaría participar en vuestra discusión como oyente.

Listen for someone / something:

Escuchar atentamente, estar a la escucha.

They listened for any sound coming from the house.
•Estaban a la escucha de cualquier sonido que viniera de la casa.

Expresiones con ***'listen'***

I'm listening:

Te escucho, soy todo oídos (poner atención a lo que se está diciendo).

I want to tell you something.
Ok, I'm listening.
Quiero contarte algo
Vale, soy todo oídos.

24.

Expresiones con *'listen'*

Listen to reason:

Atender a razones, darse cuenta de lo que es lógico.

My father doesn't listen to reason.
Mi padre no atiende a razones.

Phrasal verbs con *'hear'*

Hear about something:

Conseguir información / enterarse.

Did you hear about the earthquarke in California?
¿Te has enterado del terremoto en California?

Hear from somebody:

Tener noticias de alguien.

Have you heard from Sarah? I think she was in the hospital
¿Sabes algo (o tienes noticias) de Sarah? Creo que estaba en el hospital

Hear of something:

Oír hablar de algo

I'm in a band you may have heard of...
Toco en un grupo del que puede que hayas oído hablar...

Hear somebody out:

Escuchar a alguien hasta que la persona termine de hablar

Hear me out and then you tell me your opinion
Escúchame y luego me dices lo que opinas

Phrasal verbs con ***'hear'***

Hear back:

recibir una respuesta de alguien

I sent him an invitation for the wedding and I'm waiting to hear back

Le envié una invitación para la boda y estoy esperando tener una respuesta

BONUS

I've heard so much about you.

Cuando nos han hablado mucho de una persona.
(En español usamos "hablar", no "oír").

Oh, you are Beatriz! I've heard so much about you!

¡Oh, eres Beatriz! ¡Me han hablado mucho de ti!

25.

El uso de **to be supposed to; to be meant to; to be expected to**

Esas tres frases tienen significados casi idénticos, pero si se metes la pata y de repente usas una y no la otra cuando corresponde, prepárate para que te pongan caras raras.

...O te entenderán, aunque lo que entiendan no sea exactamente lo que querías decir.

Básicamente, estas frases se usan cuando se espera algo de una cosa o de alguien, o cuando se supone un deber.

Mejor los vemos...

To be meant to

To be meant to se usa para hablar de lo que es deseable, esperado o destinado.

Bread is meant to be eaten
El pan está destinado a ser comido

To be supposed to

To be supposed to se usa para hablar sobre obligaciones y acuerdos; también se usa para hablar sobre las creencias o esperanzas sobre algo.

You were supposed to be here at 7!
¡Se suponía que tenías que estar aquí a las 7!

What are you supposed to do if your house is on fire?
¿Qué se supone que tienes que hacer si tu casa está ardiendo?

Por si sirve de algo, en caso de incendio: ***STOP, DROP AND ROLL!***
(No corras, tírate al suelo y rueda)

To be expected to

To be expected to se usa para hablar de expectativas que tenemos sobre algo (pero no necesariamente "destinado", como en ***"to be meant to"***) y también sobre las obligaciones que tenemos:

You are expected to park in the designated employee area
Se espera que aparques el coche en el área designada para empleados

Fíjate que significan cosas muy parecidas, y en ciertos casos se pueden usar casi indistintamente en las oraciones afirmativas como podemos ver aquí:

You are expected to wash your hands before you start cooking
Es lo que esperan de ti, no decepciones...

You are supposed to wash your hands before you start cooking
Lo sabe todo el mundo porque así es...

You are meant to wash your hands before you start cooking
Lo tienes que hacer, y lo sabes...

Todos significan que debes **lavarte las manos antes de empezar a cocinar.**

Pero...

En oraciones negativas, estas frases adoptan unos significados diferentes:

- ***"Not expected to"*** significa que no tienes que hacer algo, aunque hacerlo sea una opción; solo que nadie espera que lo hagas...
- ***"Not supposed to"*** significa que no debes hacer algo y que no se permite que lo hagas;
- ***"Not meant to"*** significa que hacerlo puede tener consecuencias negativas, ya sea porque algo no está destinado a esa función y se puede, por ejemplo, romper o porque alguien no tiene la competencia de hacerlo y hacerlo podría, incluso, meter a esa persona en problemas...

Compara los significados:
You are not supposed to do that!
• ¡No puedes hacer eso! (está prohibido).

You are not expected to do that.
• No se espera que hagas eso (aunque puedes si quieres).

You are not meant to do that!
• ¡No debes hacer eso! (De pronto no eres suficientemente capaz) porque la vas a liar...

26.

El lío de **Lay** vs **Lie**

La confusion con estos dos verbos es muy frecuente, tanto en su forma presente como pasada.

Pero nosotros podemos con todo, ¡vayamos a por ello!

Lay, laid, laid

Lay significa "poner algo sobre algo".

Cuando nos echamos esas siestas que tanto nos gustan, apoyamos la cabeza en el cojin: ***We lay our head ON the pillow.***

Acabamos de llegar de comprar y le dices a quién te está ayudando que deje la bolsa encima de la mesa: ***Lay it ON the table.***

BTW (by the way - por cierto), "poner la mesa en inglés" se traduce como ***"to lay the table".***

Lie, lay, lain

Lie, sin embargo, significa "echarse o tumbarse".

The doctor asked me to lie down on my stomach.
- El médico me pidió que me tumbara bocabajo.

A los gatos les encaaaaanta dormir. Siempre están tumbados, da igual donde les pille. Les puedes encontrar debajo del radiador, dentro del lavabo, dentro de una caja o de una bolsa... ¡Pillan postura siempre!
Cats love to lie down everywhere!
¡A los gatos les encanta tumbarse en todos lados!

En la playita, en veranito, con tu neverita, tu toalla, y tu crema solar...
We love lying on the beach!
¡Nos encanta tumbarnos en la playa!

La diferencia es muy simple, míralo así:

Tú ***"lay something down"***, la gente ***"lie down by themselves"***

TIP

¿Por qué escribimos ***'down'*** detrás de ***'lie'***?

'Lie' es la acción de recostarse, de reclinarse para tumbarte. ***'Lie down'*** es estar tumbado completamente.

Por supuesto debes estar atento qué tiempo verbal se usa en la frase, puesto que la forma presente de ***lay*** y la forma pasada de ***lie*** coinciden.

Lay vs ***Lie*** en pasado

¡Aquí viene la confusión de verdad!
Solemos confundir ***lay*** y ***lie*** en pasado y usamos ***lied*** en lugar de ***lay / lain***.

Lie también significa "mentir" por tanto hay que saber el contexto (su pasado es ***lied/ lied***).

¡Es un auténtico lío!... y si encima le añades la pronunciación... ¡apaga y vámonos!
Si no te lo crees, mira esta tabla, LOL!

Español	Presente	Pasado	Participio	Gerundio
Tumbarse	***Lie*** /laɪ/	***Lay*** /leɪ/	***Lain*** /leɪn/	***Lying*** /ˈlaɪɪŋ/
Poner, extender	***Lay**** /leɪ/	***Laid*** /leɪd/	***Laid*** /leɪd/	***Laying*** /ˈleɪɪŋ/
Mentir	***Lie*** /laɪ/	***Lied*** /laɪd/	***Lied*** /laɪd/	***Lying*** /ˈlaɪɪŋ/

*Requiere un complemento

26.

Entonces, esta frase:
Yesterday, my sister lay down on the floor.
'Lay' aquí es el pasado de ***'lie'*** (tumbarse), por tanto, la frase significa que "mi hermana se tumbó en el suelo".

Otra:
John Brown laid his book on the table
'Laid es el pasado de ***'lay'***, por tanto, John "puso su libro sobre la mesa"

Y una última, para acabar de confundirnos del todo ;)
The dog has lain on the floor for hours
'Lain' hemos visto que es el participio de ***'lie'*** (tumbarse)...
esta está clara, ¿no?

Expresiones verbales

LAY A FIRE: hacer fuego

She laid a fire for the group
Hizo fuego/una fogata para el grupo

LAY BY: en inglés Americano tiene el significado de 'desatender', 'descuidar' el cultivo o la cosecha y también 'ahorrar'. En inglés británico significa 'área de descanso'.

She got to lay by a good sum of money
Consiguió ahorrar una gran cantidad de dinero

Oh, look a lay-by! Pull over there.
¡Mira un área de descanso! Aparca ahí.

Phrasal Verbs con **Lay**

LAY OFF: despedir a alguien, echar a alguien del trabajo.

Due to crisis, many companies had to lay off some of their employees.
Debido a la crisis, muchas empresas han tenido que despedir a sus empleados.

LAY SOMEBODY UP: quedarse en cama por enfermedad

My father has been laid up for a week.
Mi padre ha estado en cama una semana.

Phrasal Verbs con **Lie**

LIE AHEAD: lo que está por venir

I don't like making plans because you never know what lies ahead.
No me gusta hacer planes porque nunca sabes lo que nos espera.

LIE AROUND: dar vueltas sin hacer nada

You said you would help me out with the laundry but instead you've been lying around the house.
Dijiste que me ayudarías con la colada pero lo único que has hecho es dar vueltas por la casa.

27.

Cómo se usa **Shall**

El uso de *'shall'* nos resulta algo confuso porque no es uno de esos verbos que vemos hasta en la sopa...se esconde un poco y, cuando aparece, ¡ya la tenemos liada!

Vamos a ver cómo se usa y cuándo para que, al menos, nos ubiquemos un poco ☺

Are you ready? Here we go...

Pero antes... lo esencial:

- *'Shall'* se usa como verbo auxiliar para indicar una acción futura en preguntas y respuestas cortas, si lo usas en positivo o negativo parecerá que te has comido a Shakespeare ☺
- Se usa comúnmente con la primera persona del singular y con la primera persona del plural, es decir, *'I'* and *'we'*.
- Su uso es más común en inglés británico que en inglés americano, aunque los americanos a veces lo usan en situaciones más formales... cuando quieren parecer educados ☺

Veamos los usos de ***'shall'***:

Shall

- **Para sugerir algo o pedir consejo:**
  Por ejemplo, has quedado con tus amigos y, como siempre, todavía queda por aparecer ese que siempre llega tarde. Entonces tú dices:

Shall we wait for him?
¿Le esperamos?

Porque qué hartura tener que estar siempre esperando al mismo. A lo mejor si dejáramos de hacerlo, espabilarían... ¿o no?

Otro ejemplo:
Llegas el último a clase, la puerta estaba abierta y preguntas:

Shall I close the door?
¿Cierro la puerta?

Acuérdate de poner una gran sonrisa, ya que el profesor te mirará con mala cara, pero tenías que hacerlo, había que suavizar el momento.

Sigamos...

Shall we invite her to the beach?
¿Le invitamos a la playa?

Estás sugiriendo invitar a esta chica, que a tus amigas no les cae muy bien, pero a ti sí, a ir con vosotros a la playa.

Cuando estás en una fiesta, pero te quieres ir a casa y le dices a tu novio:

Shall we go home?
¿Nos vamos a casa?

Estas sugiriendo que os vayáis de esa fiesta ya de ya, porque no aguantas más y la gente es muuuuy plasta.

Where shall we go today?
¿Dónde vamos hoy?

Aquí estás pidiendo opinión de a qué sitios podéis ir. Estás pidiendo un consejo, o simplemente te apetece preguntar porque siempre eres tú la que elige dónde ir.

What dress shall I wear?
¿Qué vestido me pongo?

Y así como 5 horas para elegir uno...

Estos dos últimos ejemplos, podrían sustituirse fácilmente por ***should***, no olvidemos que *'shall'* es más formalillo.

27.

Forma negativa: *SHALL+ NOT = shan't*

'Shall', aunque sea un verbo auxiliar bastante invisible, posee hasta una forma en futuro que, imagínate, si casi no oyes ***shall***, mucho menos estarás familiarizado con ***shan't***, es una forma verbal muy anticuada y poco común (sobre todo en inglés americano… que ni ellos lo han escuchado en su vida).

Pero nosotros, como buenos estudiantes, debemos darle un repasillo a todo por si algún día, un aristócrata inglés nos dice:

"I shan't tell you again"
(No pienso volver a decírtelo).

28.

Cómo usar los intensificadores **Very, Too, Quite, Enough** y **Plenty**

You must be very, very, very excited!
(¡Debes de estar muy, muy, muy, muy emocionado!)

¿Por qué?
Porque ***'very'*** es un adverbio para expresar la cantidad de algo, sea de una calidad o de una cosa. Y te encanta todo lo ***'very'***...
Pero hay más... ***'very'*** es aburrido...

Es importante tener en cuenta que las palabras y las frases que veremos aquí son empleadas tanto de forma formal como informal (así que no tienes que preocuparte cuando hablas con los padres de tu novio inglés por primera vez).

Hablaremos de ***very, too, quite, enough y plenty***.

¿Qué significan? ¿Cuándo se usan?

Very

Very (esta es la palabra más común de todas):
Very, hablando de cantidades, significa nada más y nada menos que "muy"; refiere a un grado alto, un exceso y además se puede usar para enfatizar a los superlativos:

Shakira is very big in Spain.
- Shakira es muy grande en España.

The grass looks very green; this can't possibly be Seville.
- El césped se ve muy verde, no es posible que esto sea Sevilla.

I wanna be the very best.
- Quiero ser el mejor de los mejores.

28.

Too

Too expresa que algo es excesivo, es decir: demasiado.

I am too tired to eat.
- Estoy demasiado cansado para comer.

You are too good to be true.
- Eres demasiado bueno para ser verdad.

Quite

Si ya lo pronuncias bien /kwaɪt/ (rima con *right*), ya dominas lo más difícil de esta palabra.

Quite es un adverbio que significa completamente, enteramente, y sirve para expresar que algo tiene una calidad (nombrado después de **quite**) en un grado considerable.

Mejor lo vemos, jejeje.

She is quite smart for her age.
- Es considerablemente inteligente para su edad.

Hussein Bolt is more than just quite fast.
- Hussein Bolt es más que bastante rápido.

Enough

Enough /ɪˈnʌf/ (que rima con *staff*) significa suficiente o suficientemente.

Y si estás hasta las narices de escuchar esa música de pum, pum pum mientras intentas tener una converscíón, puedes gritar **"Enough!"** para que entiendan que "¡Ya basta!"... que no aguantas más.

Are there enough cupcakes for everyone?
- ¿Hay pastelitos suficientes para todos?

What you have already told me is enough.

- Con lo que me has dicho tengo suficiente.

Enough! I am tired.

- ¡Ya basta! Estoy cansada.

Plenty

Plenty tiene un significado muy parecido a ***enough*** y normalmente se traduce como "bastante" o "suficiente" PERO se entiende que es una cantidad más grande, especialmente dado que la misma palabra, cuando es sustantivo, significa 'abundancia':

There is plenty of food to go around.

- Hay comida suficiente para todos.

Julio Iglesias is plenty* famous.

- Julio Iglesias es extremadamente famoso.

* Se usa para referirse a "extremadamente" pero el caso del ejemplo es solo en casos informales.

29.

El uso de los adverbios
Yet, Still y **Already**

De los líos más comunes sobre el inglés está el temita de que encontramos casos de varias palabras que significan la misma cosa, o cosas muy parecidas.

Entre estos casos, encontramos los adverbios ***still, yet*** y ***already***.

Para no perder la chaveta, veamoslos uno por uno, y entendamos qué significan cada uno y cómo se usan:

Still

Este adverbio se usa para expresar que una acción o una situación continúa hasta el presente porque no ha terminado o aún no ha pasado:

He still doesn't know what to do about buying that new car.
Todavía no sabe lo que va hacer sobre comprarse ese coche nuevo

Cuando lo que viene después del presente perfecto en negativo es muy laaaargo, se suele utilizar *'still'* (que va al principio de la frase) y así el sentido de que aún está, o no está, no se pierde entre tanto complemento:

She still hasn't talked with that person she met at the meeting who could help her with her project.
Todavía no ha hablado con esa persona que conoció en la reunión que podía ayudarla con su proyecto.

También se refiere a algo que ocurre más tiempo de lo esperado.

Do you still live with your parents?
¿Aún vives con tus padres?

If the baby is still asleep, don´t wake him.
Si el bebé sigue dormido, no lo despiertes.

Are we really still talking about John?
¿En serio aún estamos hablando sobre John?

I would tell you the time but my watch still isn't working.
Te diría la hora pero aún no me funciona reloj.

¡Ojo!

Normalmente *still* va antes del verbo u otro adverbio, aunque si el verbo tiene dos partes (como en ***is still talking***), va entre los verbos y, como en el último ejemplo, si uno de esos verbos es negativo, ***still*** va antes del mismo.

Yet

Yet se refiere a una acción que se espera que esté hecha en un momento específico, que muy a menudo es el momento en el que hablamos. Por eso, es muy común encontrarlo con el presente perfecto, porque es algo que se espera que se haya hecho en algún punto del pasado, da igual que momento sea, y que ya esté en el presente (recuerda que el presente perfecto es el tiempo verbal que usamos para relacionar pasado y presente).

Por lo tanto, *Yet* NO se puede usar con el pasado simple, aunque sí que puedes encontrarlo con otros tiempos verbales como, por ejemplo, el presente simple o el pasado perfecto.

Has he finished his degree yet?
¿Ha acabado ya la carrera?

Sandra, aren't you ready yet?
Sandra, ¿todavía no estás lista?

29.

Lo usamos para expresar algo esperado que no ha pasado:

My mother has not woken up yet.
Mi madre aún no se ha despertado.

My parents haven't kicked me out of their place yet...
Mis padres aún no me han echado de su casa.

Yet se utiliza ocasionalmente en oraciones afirmativas, dando a las oraciones un significado similar al de la utilización de still. Ten en cuenta que esto es más formal y no común.

I have yet to hear from the company.
Aún me tienen que decir algo de la empresa.

En muchas ocasiones, usamos *still* y *yet* juntos para explicar por qué una acción continúa:

I am still living with my parents because I have not found a job yet.
Sigo viviendo con mis padres porque aún no he encontrado trabajo.

Already

Already se utiliza para referirse a una acción que ocurrió antes de lo esperado.

I already know what I want to be when I grow up.
Ya sé qué quiero ser cuando sea mayor.

I've already told you a thousand times, Reality TV is not real!
Ya te he dicho mil veces, ¡"Reality TV" no es real!

¡Ojo!

Hay que tener cuidado en cuanto a donde pones este adjetivo según la oración.

En las oraciones del presente, se pone entre el sujeto y el verbo (esto ya lo hemos visto);

En las preguntas del presente y del presente perfecto, viene justo después del justo después del verbo to be y verbo auxiliar y delante del verbo principal::

Is the White Rabbit already there? Oh no! I am certainly late
¿El Conejo Blanco ya está allí? ¡AY NO! Seguro que llego tarde

How does healready have the answers to the exam?
¿Cómo es que él ya tiene las respuestas del examen?

PERO, en oraciones del presente perfecto (que no son preguntas) va entre el auxiliar y el verbo principal con todos los tiempos verbales compuestos con los que puede ir: *she's already working, he's already known by...*

Sujeto + ***have*** + ***already*** + **participio pasado**

You have already reached the end of this lesson
Ya has llegado al final de esta lección

30.

Cómo usar **Late, Later, Latter** y **Lately**

El lío de las palabras que nos confunden ¡es inacabableeeeee!

Por ejemplo, la duda de si usar *late* o *later* y luego ¿qué es *latter*? ¿Una falta de ortografía?

Late siempre ha significado 'luego' / 'más tarde', ¿entonces por qué tanta confusión?

Vamos a aclarar las diferencias entre las siguientes palabrejas: ***later, late, latter, lately*** y ***last***... parece un trabalenguas

Late

Late se pronuncia /leɪt/ (rima con *eight*) y, usado como adjetivo, puede significar "a finales de":

In the late 1960s the world changed drastically.
- A finales de los 60, el mundo cambió drásticamente.

I'm sure he has a late summer birthday.
- Estoy seguro que tiene el cumpleaños a finales de verano.

Como adverbio, ***late*** significa 'tarde':

I'm running late! Please wait for me!
- ¡Llego tarde! ¡Por favor, espérame!

Don't be late for class.
- No llegues tarde a clase.

30.

Later

Later se pronuncia /ˈleɪtə/ y significa 'más tarde', 'después':

I think I will see him later in the year.
• Creo que le veré más tarde este año.

See you later, alligator!
• ¡Hasta luego, cocodrilo!

Curiosidad

Alligator en realidad significa caimán, aunque nosotros traducimos ***"see you later, alligator"*** como "hasta luego, cocodrilo" y no "hasta luego, caimán!"

La palabra ***alligator*** tiene un origen muy curioso, viene del español. Se dice que algún hispanohablante le grito a un inglesito:
¡Cuidado que viene el lagarto, el lagarto!...
y el inglés se quedó con la copla:

El lagarto ⟶ elagarto ⟶ alegator ⟶ alligator

Latter

¡Ojo!

En *latter* esa ***"t"*** que agregamos a ***"later"*** cambia la pronunciación y el significado.

Ahora la ***'a'*** se pronuncia casi como una ***'a'*** española: /ˈlætə/... casi como 'lata' (es una laaaata, el trabajar... todos los días me tengo que levantar).

Latter significa la segunda de dos cosas (cuando ya hemos mencionado las dos cosas):

Ryan Reynolds and Ryan Gosling are both actors.
The latter is slightly younger.

- Ryan Reynolds y Ryan Gosling son ambos actores.
  Este último es un poco más joven.

Lately

Se pronuncia /ˈleɪtlɪ/ y significa "últimamente":

I have been feeling a bit down lately.

- Me he sentido algo triste últimamente.

Have you talked to your imaginary girlfriend lately?

- ¿Has hablado con tu novia imaginaria recientemente?

Ahora, ***not later***, creo que ya estás listo para usar las palabrejas que hemos visto en este capítulo porque:

Better late than never!

31.

Qúe es la **inversión** *y para qué la usamos*

Cuando pensamos en el inglés, solemos recitar el orden de las cosas... el adjetivo va primero, el sustantivo va después y sobre todo, el verbo va después del sujeto.

¿Eso qué significa?
Significa que siempre digo que "yo hago algo", en vez de" hago yo algo".

¿Cierto? Casi.

Hay algunas veces en el inglés en las cuales el verbo se pone antes del sujeto. Es decir, invertimos el orden... de ahí el nombrecito de "inversión".

Normalmente, invertimos el verbo y el sujeto cuando estamos preguntando algo, formulando una pregunta.

De esta manera, podemos decir ***You are hot*** ("Estás bueno, eres sexy"... coqueteando sin intención) o podemos preguntar ***Are you hot?*** ("¿Tienes calor?"... por si necesitan que abramos una ventana).

En la mayoría de los tiempos del inglés, para preguntar algo simplemente ponemos el verbo antes del sujeto.

En el caso de que haya un verbo auxiliar movemos solo el primer verbo:

Presente continuo: ***am I going / are you going?***
Pretérito pluscuamperfecto (indicativo): ***was he going / were they going?***
Presente perfecto: ***have we gone / has she gone?***
Presente perfecto continuo: ***has she been going / have they been going?***
Pretérito perfecto: ***had you gone?***
Pretérito perfecto continuo: ***had he been going?***
Futuro simple: ***will they go?***

31.

Futuro continuo: ***will you be going?***
Futuro perfecto: ***will they have gone?***
Futuro perfecto continuo: ***will she have been going?***
Verbos modales: ***should I go / may you go?***

Are you following me?
Good.

¡Ojo!

Cuando tenemos que poner ***do/does/did*** para formar una pregunta, toca poner el verbo principal en infinitivo. Eso también se considera inversión.

Ejemplo:
Presente simple con cualquier verbo, excepto ***'be'*** (se añade ***'do'*** o ***'does'***):

Do you want to build a snowman?
¿Quieres hacer un muñeco de nieve?

Pasado simple con cualquier verbo, excepto ***'be'*** (se añade ***'did'***):

Did you know this?
¿Sabías esto?

Sigamos...

Hay ciertas frases adverbiales y adverbios que pueden usarse con la inversión para dar énfasis a lo que estamos diciendo, aunque no siempre lo tenemos que usar:

Con ***'seldom'*** al inicio, sí usamos la inversión.

Seldom do I go to such fancy restaurants.
- Raras veces voy a restaurantes tan sofisticados.

'Seldom' está en su lugar normal así que no usamos inversión.

I seldom go to such fancy restaurants.
- Raramente voy a restaurantes tan sofisticados.

*Recuerda que el uso de inversión es para enfatizar lo que estamos diciendo; también suele conseguir que nuestra oración suene sorprendente o rara, además de formal.

Aquí vemos una lista de frases donde podemos usar la inversión:

Hardly	*Hardly had I started speaking when everyone looked at me* Apenas había empezado a hablar cuando todos me miraron
Never	*Never have I seen such beauty* Nunca he visto tanta belleza
Seldom	*Seldom do we see your mother trying to be normal* Muy pocas veces vemos a tu madre intentando ser normal
Rarely	*Rarely will you hear me say that I like a rap song* Raramente me escucharás decir que me gusta una canción de rap
Only then	*Only then did I understand the extent of the problem* Solo en ese momento entendí el alcance del problema
Not only ... but	*Not only does he sleepwalk but he also eats while sleeping* No solo es sonámbulo, también come dormido
No sooner	*No sooner had we arrived home than the phone rang* Tan pronto llegamos a casa, sonó el teléfono
Scarcely	*Scarcely had the plane taken off when it had to make an emergency landing* Apenas había despegado del avión cuando tuvo que aterrizar por emergencia

31.

Only later	*Only later did she really think about the situation* Sólo más tarde pensó realmente en la situación
Nowhere	*Nowhere have I ever had such bad service* En ningún lugar había visto un servicio tan malo
Little	*Little did he know what was to happen!* ¡Poco sabía lo que iba a pasar!
Only in this way	*Only in this way would they learn to share* Solo así aprenderían a compartir
In no way	*In no way do I agree with what you're saying* De ninguna manera estoy de acuerdo con lo que dices
On no account	*On no account should you sing in public* Bajo ningún concepto debes cantar en público

Una cosita más:

En estas frases, la inversión se usa solamente en la segunda parte de la oración:

Not until	*Not until the kids left for school did the parents get some rest* No hasta se fueron los niños al colegio, los padres descansaron
Not since	*Not since the 90s had there ever been so much celebrity drama* No desde los 90 había habido tanto drama entre famosos
Only after	*Only after I went to London did I understand its charm* Solo después de ir a Londres, me di cuenta de su encanto
Only when	*Only when I saw his face could I recognize the voice* Solo cuando vi su cara pude reconocer la voz
Only by	*Only by working hard can we learn a new language* Solo trabajando duro podemos aprender una lengua nueva

Sólo usamos la inversión cuando el adverbio modifica la frase completa y no cuando modifica el sustantivo:

Hardly anyone came to the concert. (Sin inversión).
- Casi nadie vino al concierto.

¡¡A invertir!!

Cómo se usan **Hard** y **Hardly**

Estas palabras se parecen tanto que uno supondría que significan casi lo mismo, ¿no?

Pues **NO** señores y señoras. Son tan diferentes como la noche y el día, el agua y el aceite, el inglés y el chino (aunque a nosotros a veces nos suene igual jeje)...

Aunque *hard* y *hardly* podrían ser hermanas, son como Javier Bardem y Dean Morgan... distinguir uno del otro puede dar bastante dolor de cabeza. Pero son solo apariencias.

Anyway, empezamos con sus categorías gramaticales.

Por un lado, ***hard*** puede ser adjetivo o adverbio y según su uso, tiene varios significados.

Por otro lado, ***hardly*** siempre es adverbio y tiene solo unos significados que ahora veremos:

Hard

Como adjetivo

Esta palabra tiene varios significados en su forma de adjetivo:
Puede señalar que algo es duro, firme y resistente, difícil de romper (calidad que suele faltar cuando más se necesita).

También denota que algo requiere mucho trabajo o esfuerzo (como a veces puede resultar el inglés).

Last night was hard.
- Anoche fue difícil/duro.

Every guy wants rock-hard abs.
- Todo chico quiere abdominales duras como una piedra.

32.

Boiling makes eggs hard,but pasta soft.
• Hervir hace que los huevos sean duros, pero la pasta blanda (How!!!??).

The boy gave a hard push on the door.
• El niño le dio un empujón firme a la puerta.

I received a hard hit to the eye.
• Recibí un golpe duro en el ojo.

Como adverbio

Hard significa duramente, difícilmente, mucho, con fuerza, etc.
Como dice a Wiz Khalifa!: ***Work hard, play hard!.***

I am working hard to learn English
• Trabajo duro para aprender inglés.

Push hard!
• ¡Empuja fuerte! (***Is it a boy or a girl?***)

Try hard and you will succeed.
• Esfuérzate, y tendrás éxito.

¡Ojo!

Si quieres aumentar el adjetivo o adverbio para usarlo a su nivel superlativo usa ***hardest*** y si quieres comparar las cosas, usa ***harder***:

Chinese is the hardest language
El chino es la lengua más difícil

I know I work harder than my brother
Sé que trabajo más duro que mi hermano

32.

Sólo para mayores...

Solo para mayores...
Hard también se refiere a 'erecto'...

I've got a hard-on
Estoy empalmado

Hardly

Hardly es un adverbio que, en básicamente todos los casos, al traducirlo, significaría "casi nada".

Expresa una escasez de algo y se usa para calificar algo por decir que es verdad, pero a un nivel insignificante.

Por ejemplo:

There is hardly any milk.
• Casi no queda leche.

I can hardly wait!
• ¡Casi no puedo esperar!

I can hardly believe that...
• Me cuesta creer que...

He hardly ever studies.
• Casi nunca estudia.

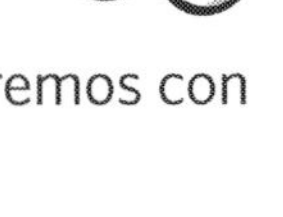

¡Ojo!

Ya que ***hardly*** tiene un significado negativo, no lo mezclaremos con otras palabras negativas.

Es decir, para decir 'casi nada', no podemos decir ***hardly nothing;*** hay que decir ***hardly anything***.

33.

Sutilezas de **Much** y **Many**

Many y ***much*** se usan para expresar cantidades grandes de algo.

Ya sabemos que ***'many'*** se usa solo con palabras contables en plural, mientras que ***'much'*** solo lo usamos con palabras no contables.

How MANY shoes have you got?
I don't have MUCH time

Pero, como siempre en inglés, existen "sutilezas" que nos pueden volver locos a la hora de aprender el uso de ***much*** y ***many***,

Many vs ***Many of***

'Many of' siempre irá seguido de una palabra como ***those, these, them, us, her, his, my, your, our, o the*** y de un sustantivo (si se necesita).

En cambio, a ***'many'*** solo lo seguirá un sustantivo (o frase nominal), sin artículo ni pronombre.

Compara estas dos frases:
The exam was difficult for many students.
- El examen fue difícil para muchos estudiantes.

The exam was difficult for many of the students / them.
- El examen fue difícil para muchos de los estudiantes.

Much

Como hemos visto arriba, ***'much'*** se usa solo con palabras no contables:
How much tea should we make?

Much se suele usar en preguntas y negaciones bastante más que en oraciones afirmativas (***many*** es algo más común que much en afirmaciones).

Esta diferencia de uso entre ***much*** y ***many*** refleja lo raro que puede sonar ***much*** en algunas frases afirmativas.

Much wine is imported
Esta frase es gramaticalmente correcta, de eso no cabe duda, pero suena forzada...
y demasiado formal.

Sin embargo, en su sus formas interrogativas y negativas suenan perfectamente normales:

Nota

No suena forzado (al contrario, suena perfectamente normal) si usamos *much* en oraciones afirmativas cuando va precedido de *'so'*, *'as'* y *'too'* (y en algunas expresiones con *'very'*):

~~There was much noise~~
(suena forzado, raro).

Compáralo con:
There was SO much noise that I couldn't hear very well.

Pregunta:
Is much wine imported?

Negación:
Not much wine is imported

Para evitar sonar raritos usando ***much*** en frases afirmativas, tenemos la opción de sustituirlo por otro tipo de adjetivos cuantitativos, por ejemplo:

A lot of wine is imported
Plenty of wine is imported
A great deal of wine is imported

33.

Recordatorio

Recuerda que ***much*** y ***many*** poseen (y comparten) su forma comparativa y superlativa:

Base	Comparativo	Superlativo
Much	*More*	*The most*
Many	*More*	*The most*

More

More significa "más que" su estructura en la frase con adjetivos largos es:

More **+ adjetivo / adverbio +** ***than*** **+**
(artículo / posesivo) + sujeto / objeto:

Susan is more beautiful than her sister
Susan es más guapa que su hermana

Ya sabemos que con adjetivos cortos, no se usa more, sino que se le añade ***'-er'*** al adjetivo:
BIEN: ***Susan is thinner than her sister***
MAL: ***Susan is more thin than her sister***

The most

The most (no te olvides de ***'the'*** cuando lo uses como superlativo) lo usamos para decir que algo es "lo más":

Susan is the most beautiful

Y como pasaba con ***'more'***, con adjetivos cortos se sustituye por la terminación ***'-est'***.
BIEN: ***Susan is the thinnest***
MAL: ~~***Susan is the most thinnest***~~

34.

Expresiones coloquiales *para expresar cantidades*

¡Hay un huevo que aprender en inglés! ¡Sí!

Pero no vayas a decir ***"there is an egg to learn in English!"***: nadie te va a entender.

Tal como en español tenemos expresiones raras y coloquiales sobre lo mucho o lo poco que hay de algo, lo tienen en inglés.

Cantidades grandes

Para expresar las cantidades grandes, normalmente usamos adverbios e adjetivos como: ***a lot / a lot of*** (mucho / muchos), ***very*** (muy), etc.

Pero, para reemplazarlos, hay una cantidad de maneras coloquiales para expresar un montón o el **"huevo de algo"**.

(En estas frases, las palabras en mayúsculas no se entienden por su significado literal, sino por su uso cuantificador)

He is WAY hot, oh my gosh
Él es MUY sexy, dios mío

I'm HEAPS sorry I forgot your birthday (Australia)
Siento MUCHO que olvidé tu cumpleaños

Your sister has had LOADS OF boyfriends
Tu hermana ha tenido UN MONTÓN DE novios

Uncle Harry's got BOAT-LOAD of money
El tío Harry tiene MUCHO dinero

This party is gonna be HELLA awesome, mate!
¡Esta fiesta va ser SUPER genial, tío!

34.

¿Y sí no hay **"un huevo"** sino **"una chispita"**?

También hay expresiones para expresar que hay una cantidad pequeña de algo:

Just a SMIDGEN of salt, no more
Solo un POQUITÍN de sal, no más

I've just got a BIT of change
Solo tengo un POCO de cambio

¡Ojo!

Muchas veces, se usan las mismas palabras que significan algo que es poco para expresar algo que es mucho; normalmente es por parecer humilde.

Por ejemplo:

Alguien pregunta:
Do you know much English?
¿Sabes algo de inglés?

Y aunque lo hablas perfectamente, dices:
I know a bit...
Sé un poquito...

Toca aprender una cosita más:

-ish

"-ish" es un sufijo informal. Se agrega al final de un adjetivo o un adverbio o un sustantivo para dar el sentido de "tirando a" o "más o menos" y frecuentemente se usa en casos de inseguridad:

Oh no! My hand has turned bluish-green!
¡Ay no! ¡Mi mano está como azul-verdosa!

My cousin is fourteen-ish.
Mi primo tiene alrededor de catorce años

I am hungry...-ish
Tengo hambre... o... un poco de hambre

I'm kinda oldish
Soy algo viejita

Shall we meet at 7-ish?
¿Quedamos a eso de las 7?

Understand? -ish?

Recuerda que estas expresiones son bastante informales y que, de todas maneras, tienes que leer bien la situación y el contexto y tener bien en cuenta el tono con el que te hablan...¡no sea que metas la pata!

Entonces ya estás listo para entrar a la escena social angloparlante y puedes empezar a exagerar, mostrarte humilde, estimar situaciones o mostrar duda ☺

35.

Phrasal Verbs

muy comunes con múltiples significados

El tema de los ***Phrasal Verbs***, es uno de los temas más peliagudos de la lengua inglesa, sobre todo para los que tenemos el español como lengua materna, ya que en nuestro idioma no tenemos un equivalente a este tipo de verbos.

Como ya sabéis, un ***Phrasal Verb*** es un verbo formado por dos (a veces tres) partes: un verbo y un (o dos) adverbio o preposición.
A estos adverbios y preposiciones, cuando forman parte de un ***Phrasal Verb***, se le llama "partícula" (***particle*** - /ˈpɑːtɪkl̩/).

Este tipo de verbos, no solo nos los tenemos que aprender ***by heart*** (de memoria) porque, como os digo, no tenemos equivalente en español, sino que, para liarnos todavía más, existen ***Phrasals*** de diferentes tipos (transitivos, intransitivos, separables, inseparables...).

Además, los ***Phrasals*** nos crean confusión porque se parecen mucho entre sí (mismo verbo- diferente partícula) y esos nos puede llevar a cometer algún error de aquellos de "tierra trágame".

Para muestra, un botón:
Una vez comenté en una reunión de amigos:
"After so many "pomadas", ***my friend passed away"***

Sus caras de sorpresa me sugirieron que lo que había dicho era muuuuy fuerte y que la "pomada" (ginebra Xoriguer con limonada-bebida típica de Menorca) debía ser un veneno mortal

No me refería a que mi amigo se murió
...quería decir ***"passed out"***, pero metí la pata...

35.

aprendeinglessila.com

Phrasal Verbs confusos

PASS OUT

Desmayarse

When Susan got the news, she PASSED OUT

Cuando Susan recibió la noticia, se desmayó

VS

PASS AWAY

Morir

He PASSED AWAY peacefully, in his sleep

Murió plácidamente, mientras dormía

Cuando parece que ya "controlamos" las bases mínimas para aprender los ***Phrasals***, resulta que algunos (bastantes) de estos verbos cuentan con más de un significado... a veces dos, a veces tres, a veces más

Sí, lo sé, es para volvernos majaras...

35.

Pues bien, en este capítulo he reunido algunos ***Phrasal Verbs*** muy comunes en inglés que cuentan con múltiples significados, para que al menos, al tenerlos agrupaditos, no nos resulte taaanta tortura aprendérnoslos ;)

Estos son los ***Phrasal Verbs*** con múltiples significados que vamos a ver:

1.	***Back up***	bæk ˈʌp
2.	***Give away***	gɪv əˈweɪ
3.	***Make up***	ˈmeɪk ʌp
4.	***Pass out***	pɑːs aʊt
5.	***Pick up***	pɪk ʌp

Back Up

/bæk ˈʌp/

1. **Hacer una copia de seguridad.**
   You should always back up important files.
   Siempre deberías hacer una copia de seguridad de archivos importantes.
   "A back-up" (el sustantivo) se refiere a la propia "copia de seguridad".

2. **Apoyar**
   My boss backed me up in my fight for compensation.
   Mi jefe me apoyó en mi lucha por la indemnización.

3. **Dar marcha atrás (vehículo).**
   Diana backed up without looking and ran over her bike.
   Diana dio marcha atrás sin mirar y arrolló su bici.
   "Dar marcha atrás" en el sentido sexual, en inglés se dice ***"to withdraw"***
   /tə wɪðˈdrɔː/

4. **Confirmar, corroborar.**
   The new law backs up my opinion.
   La nueva ley corrobora mi opinión.

Give Away

/gɪv əˈweɪ/

1. **Regalar, obsequiar.**
   At this price, I'm giving it away.
   A este precio, lo estoy regalando.

2. **Traicionar, delatar.**
   He thought nobody would recognize him in the Spiderman costume, but his voice gave him away.
   Creyó que nadie lo reconocería disfrazado de Spiderman, pero su voz lo delató.

3. **Revelar.**
   I don't want to give away the end of the book; you'll have to read it for yourself.
   No quiero revelar el final del libro; tendrás que leerlo tú mismo.

Make Up

/ˈmeɪk ʌp/

1. **Inventarse una historia.**
   Brian made up the whole story.
   Brian se inventó toda la historia.

2. **Hacer las paces.**
   Sonia and her best friend finally made up.
   Sonia y su mejor amiga finalmente hicieron las paces.

3. **Compensar.**
   I'm so sorry! How can I make it up to you?
   Lo siento muchísimo, ¿Cómo puedo compensártelo?

La palabra ***makeup*** significa "maquillaje" y se usa de varias maneras:

She put on/apply makeup when she went to the loo
How to Do Your Own Makeup
10 Makeup Tips Every Woman Should Know

35.

Pass Out

/pɑːs aʊt/

1. **Dar, repartir.**
The teacher passed out the tests to the students.
El profesor repartió los tests a los estudiantes.

2. **Desmayarse.**
When susan got the news, she passed out.
Cuando Susan recibió la noticia, se desmayó.

3. **Graduarse (militar).**
100 officers passed out from the Toronto Military Academy.
100 oficiales se graduaron en la academia militar de Toronto.

Pick Up

/pɪk ʌp/

1. **Recoger (del suelo).**
I picked up the books I left last night over the floor.
Recogí los libros que dejé anoche en el suelo.

2. **Recoger a alguien.**
I'll pick you up around 8pm.
Te recogeré sobre las 8pm.

3. **Comprar (informal).**
I need to pick up a few things from the supermarket.
Necesito comprar algunas cosas del supermercado.

4. **Aprender (rápidamente).**
She picked up French in six months.
Aprendió francés en 6 meses.

5. **Mejorar, aumentar.**
Sales picked up a bit during Easter.
Las ventas mejoraron durante la Semana Santa.

Pick Up

/pɪk ʌp/

6. **Contestar el teléfono.**
   I'm calling, but he doesn't pick it up.
   Lo estoy llamando, pero no contesta.

7. **Ligar.**
   Everytime I drink I pick up any guy in a bar.
   Cada vez que bebo ligo con cualquier tío en un bar.

La expresión ***"pick up lines"*** se refiere a "frases para ligar".

Os dejo algunas ***pick up lines*** muy divertidas en inglés:

- ***Girl, is your name Wifi ? Because I'm feeling a connection!***
- ***Hey, tie your shoes! I don't want you falling for anyone else.***

- ***Your place or mine? Tell you what? I'll flip a coin. Head at my place, tail at yours.***
- ***You might be asked to leave soon. You are making the other women look bad.***
- ***Where do you hide your wings?***

Notas

.2.

false friends

by Sila Inglés

El lío de los
False Friends

¡Los malditos ***False Friends***!
Esas palabras que parece que sabemos pero que en realidad siempre la cagamos.

Se llaman "falsos amigos" porque siempre acaban traicionándonos
En realidad, los ***False Friends*** son palabras que son similares entre dos idiomas pero que tienen un significado diferente y que muchas veces llevan a confusión.

Entre el inglés y el español tenemos una cantidad enooorme de falsos amigos que pueden producir más de un grito de "¡tierra trágame!".

Aquí os presento los más comunes para que vayáis precavidos a la hora de usarlos

Actually

/ˈæktʃuəli/

No significa **'actualmente'**
en inglés significa **"en realidad"**

My surname looks Italian, but actually, it's Spanish
Mi apellido parece italiano pero en realidad es español

'Actualmente' 'hoy en día' en inglés se dice:

nowadays /ˈnaʊədeɪz/

Nowadays, second-hand cars are cheaper than in 2001
Actualmente los coches de segunda mano son más baratos que en el 2001

Agenda

/ əˈdʒendə /

No significa **'agenda'**
en inglés significa **"orden del día"**

The agenda for the day includes two meetings with clients
La orden del día incluye dos reuniones con clientes

'Agenda' en inglés se dice:

diary / ˈdaɪəri /

If you don't want to forget it, make a note of it in your diary
Si no quieres olvidarlo, anótalo en tu agenda

Apology

/ əˈpɒlədʒi /

No siginifica **'apología'**
en inglés significa **"disculpa"**

I owe you an apology
Te debo una disculpa

'Apología' en inglés se dice:

defence / dɪˈfens /

Her defence was against animal abuse.
Su apología trató el maltrato animal.

Arena

/ əˈriːnə /

No siginifica **'arena'**
en inglés significa **"estadio"**

I like arriving at the arena one hour before the start of the game
Me gusta llegar al estadio una hora antes de que empiece el partido

'Arena' en inglés se dice:

sand / sænd /

The Caribbean sand is as white as snow
La arena del Caribe es tan blanca como la nieve

Argument

/ ˈɑːgjumənt /

No significa **'argumento'**
en inglés significa **"discusión"**

Are you sure that you want to start this argument?
¿Estás seguro de querer empezar esta discusión?

'Argumento' en inglés se dice:
plot / plɒt /

The plot of this film is predectible
El argumento de esta pelicula es predecible

Assist

/ əˈsɪst /

No significa **'asistir'**
en inglés significa **"ayudar"**

After the earthquake, firefighters had to assist many people
Tras el terremoto, los bomberos tuvieron que ayudar a mucha gente

'Asistir' en inglés se dice:
attend / əˈtend /

Do I really need to attend this class? It's really boring
¿De verdad que tengo que asistir a esta clase? Es muy aburrida

Avocado

/ ˌævəˈkɑːdəʊ /

No significa **'abogado'**
en inglés significa **"aguacate"**

Have you tried avocado in salads? It's delicious!

¿Has probado el aguacate en las ensaladas? ¡Está riquísimo!

'Abogado' en inglés se dice:

lawyer / attorney / ˈlɔːjər/, / əˈtɜːni /

My lawyer / attorney advised me not to make any statements to the press

Mi abogado me aconsejó no decir nada a la prensa

Bland

/ blænd /

No significa **'blando'**
en inglés significa **"soso"**

My father is always complaining that the food is bland. Maybe it's time for him to cook

Mi padre siempre se queja de que la comida está sosa. A lo mejor ya es hora de que cocine él

'Blando' en inglés se dice:

soft / sɒft /

This is a new sofa? It's very soft!

¿Es nuevo el sofá? ¡Es muy blando!

Cafeteria

/ˌkæfɪˈtɪərɪə/

No significa **'cafetería'** en inglés significa **"comedor"**, **"cantina"** (de escuela u oficina)

My children like the food of the school cafeteria very much

A mis hijos les gusta mucho la comida del comedor del colegio

'Cafetería' en inglés se dice:

cafe /ˈkæfeɪ/

Shall we meet at the new cafe?

¿Quedamos en la nueva cafetería?

Camp

/ kæmp /

No significa **'campo'**
en inglés significa **"campamento"**

Taunton's camp offers swimming and English lessons

El campamento de Taunton ofrece natación y clases de inglés

'Campo' en inglés se dice:

field / fiːld / **o countryside** /ˈkʌntrɪˌsaɪd/

(si te refieres a "vamos a pasar el día al campo")

My grandpa used to own a corn field but he had to sell it

Mi abuelo era dueño de un campo de maíz, pero tuvo que venderlo

Career

/ kəˈrɪə /

No significa **'carrera (universitaria)'**
en inglés significa **"carrera profesional"**

I would love to make a career in this company
Me encantaría hacer carrera profesional en esta empresa

'Carrera universitaria' en inglés se dice:
degree / dɪˈgriː /

After all these years, I finally got my degree!!
¡¡Después de todos estos años, por fin he acabado la carrera!!

Carpet

/ ˈkɑːpɪt /

No significa **'carpeta'**
en inglés significa **"moqueta"**

I hate the carpet on grandma's house. It is hideous!
Odio la moqueta que hay en la casa de la abuela. ¡Es horrible!

'Carpeta' en inglés se dice:
folder /ˈfəʊldə/

He usually arranges his notes in different folders
Él suele ordenar sus apuntes en diferentes carpetas

Casualty

/ ˈkæʒʊəlti /

No significa **'casualidad'** en inglés significa **"víctima"**

Casualties are inevitable in war

Las víctimas son inevitables en la guerra

'Casualidad' en inglés se dice:

coincidence / kəʊˈɪnsɪdəns /

We are wearing the same skirt! What a coincidence!

¡Llevamos la misma falda! ¡Qué casualidad!

Choke

/ tʃəʊk/

No siginifica **'chocar'**en inglés significa **"atragantarse"**

I nearly choked on a fishbone

Casi me atraganto con una espina de pescado

'Chocar' en inglés se dice:

crash, collide / kræʃ/ /kəˈlaɪd/

The car crashed into (collided with) the lamppost

El coche chocó contra la farola

Commodity

/ kəˈmɒdɪti /

No siginifica **'comodidad'** en inglés significa **"producto", "materia prima"**

The village is famous for commodities such as oil and wine

El pueblo es famoso por productos tales como aceite y vino

'Comodidad' en inglés se dice:

comfort / ˈkʌmfət /

These trousers have added Lycra for comfort and fit

Estos pantalones tienen licra añadida para comodidad y ajuste

Compliment

/ ˈkɒmplɪment /

No siginifica **'complemento'** en inglés significa **"piropo"**

I always make her blush when I give her a compliment

Siempre se sonroja cuando la digo un piropo

'Complemento' (de ropa) en inglés se dice:

accesory / əkˈsesəri /

Scarves, bracelets, and rings are fashion accessories

Las bufandas, pulseras y anillos son complementos de moda

Conductor

/ kənˈdʌktə /

No significa **'conductor'** en inglés significa **"director (de orquesta)"**

The conductor leads the orchestra with his baton

El director dirige a la orquesta con la batuta

'Conductor' en inglés se dice:

driver / ˈdraɪvə /

The driver of that car tried to avoid the hole in the road

El conductor de ese coche intentó evitar el hoyo de la carretera

Constipation

/ ˌkɒnstɪˈpeɪʃn̩/

No significa **'constipado'** en inglés significa **"estreñimiento"**

What are the symptoms and causes of constipation?

¿Cuáles son los síntomas y las causas del estreñimiento?

'Constipado' en inglés se dice:

cold / kəʊld /

I'm fed up with getting a cold every damn winter

Estoy harto de constiparme cada maldito invierno

Currant

/ ˈkʌrənt /

No significa **'currante'** en inglés significa **"grosella"**

Have you cooked this currant cake? Can I have another piece?

¿Has hecho tú esta tarta de grosellas? ¿Puedo comer otro trozo?

'Currante' en inglés se dice:

worker / ˈwɜːkə /

I've always admired my father because he is a hard worker

Siempre he admirado a mi padre porque es un gran currante (o trabajador)

Deception

/ dɪˈsepʃn̩/

No significa **'decepción'** en inglés significa **"engaño"**

Deception of the senses

El engaño de los sentidos

'Decepción' en inglés se dice:

disappointment / ˌdɪsəˈpɔɪntmənt /

What a disappointment! He looks very different in the picture

¡Qué decepción! Se le ve muy diferente en la foto

Dessert

/ dɪˈzɜːt /

No significa **'desierto'**
en inglés significa **"postre"**

Honey, what will we have as a dessert? Oh, it's a surprise...

Cariño, ¿qué hay de postre? Oh, es una sorpresa...

'Desierto' en inglés se dice:

desert / 'dezət' /

Crossing the Sahara desert is very dangerous

Cruzar el desierto del Sáhara es muy peligroso

Dinner

/ ˈdɪnə /

No significa **'dinero'**
en inglés significa **"cena"**

Baby! It's our 10th anniversary! I will take you out for dinner!

¡Amor! ¡Es nuestro décimo aniversario! ¡Te llevo a cenar!

'Dinero' en inglés se dice:

money / ˈmʌni /

I earned this money last week and now I'm going to buy those trainers

Gané este dinero la semana pasada y ahora me voy a comprar esas deportivas

Disgust

/ dɪsˈgʌst /

No significa **'disgusto'**
en inglés significa **"asco"**

Uhg!! What is this? It's really disgusting. You'd better not to cook again!

¡Puaj! ¿Qué es esto? Da mucho asco ¡Mejor que no cocines más!

'Disgusto', 'molestia' en inglés se dice:

annoyance /əˈnɔɪəns/

He answered with a look of annoyance

Él contestó con una mirada de molestia

Diversion

/ daɪˈvɜːʃn̩/

No significa **'diversión'**
en inglés significa **"desvío"**

What now!? What diversion should I take? Say something!!

¿Ahora qué? ¿Qué desvío cojo? ¡¡Di algo!!

'Diversión' en inglés se dice:

fun / fʌn /

Fun is guaranteed on the banks of the Ebro River

La diversión está asegurada a orillas del río Ebro

Embarrassed

/ ɪmˈbærəst /

No significa **'embarazada'** en inglés significa **"avergonzado"**

My uncle was too embarrassed to do it

Mi tio estaba demasiado avergonzado para hacerlo

'Embarazada' en inglés se dice:

pregnant / ˈpregnənt /

Good news!! I'm pregnant!!

¡¡Buenas noticias!! ¡¡Estoy embarazada!!

Eventually

/ ɪˈventʃʊəli /

No significa **'eventualmente'** en inglés significa **"a largo plazo, finalmente"**

She eventually decided to take the English classes

Finalmente decidió empezar las clases de inglés

'Eventualmente' en inglés se dice:

occasionally / əˈkeɪʒənəli /

I occasionally meet that guy. I just don't want to be in a serious relationship, you know?

Eventualmente (o a veces, de vez en cuando) quedo con ese chico. No quiero meterme en una relación seria, ¿sabes?

Excite

/ ɪkˈsaɪt /

No significa **'excitar'** en inglés significa **"emocionar"**

I'm really <u>excited</u> about your wedding

Estoy muy <u>emocionada</u> por tu boda

'Excitar' en inglés se dice:

arouse / əˈraʊz/

Have you seen that guy?? Mother of God, he really <u>arouses</u> me

¿Has visto a ese tío? Dios mío, me <u>excita</u> (o me pone) muchísimo

/ ˈeksɪt /

No significa **'éxito'** en inglés significa **"salida"**

Where is the <u>'Exit'</u> sign? I can't find it!

¿Donde está la señal de <u>"Salida"</u>? ¡No la encuentro!

'Éxito' en inglés se dice:

success / səkˈses /

Perseverance, it is often said, is the key to <u>success</u>

La perseverancia, se dice a menudo, es la clave del <u>exito</u>

fabric

/ ˈfæbrɪk/

No significa **'fábrica'** en inglés significa **"tejido, tela"**

The dresses in this row are all made of imported Indian fabric

Los vestidos en esta fila están todos hechos de tejido importado de la India

'Fábrica' en inglés se dice:

factory / ˈfæktəri /

The shoe factory was shut down ten years ago

La fábrica de zapatos se cerró hace diez años

facilities

/ fəˈsɪlɪtɪz /

No significa **'facilidad'** en inglés significa **"instalaciones"**

Oxford University has excellent sports facilities

La Universidad de Oxford tiene unas instalaciones deportivas excelentes

'Facilidad' en inglés se dice:

ease, ability / i:z/ /əˈbɪləti /

She passed the English exam with ease

Aprobó el examen de inglés con facilidad

Introduce

/ ˌɪntrəˈdjuːs/

No significa **'introducir'** en inglés significa **"presentar"**

Let me introduce you to my friend Charles

Dejame presentarte a mi amigo Charles

'Introducir' en inglés se dice:

insert /ɪnˈsɜːt /

Daniel inserted the key but the door wouldn't open

Daniel introdujo la llave, pero la puerta no se abria

Jam

/ dʒæm /

No significa **'jamón'** en inglés significa **"mermelada"**

Please, tell me the secret to making good jam

Por favor, dime el secreto para hacer una buena mermelada

'Jamón' en inglés se dice:

ham / hæm /

Mom, I'm begging you! Send me some ham to England!

¡Mamá, te lo ruego! ¡Envíame jamón a Inglaterra!

Large

/ lɑːdʒ /

No significa **'largo'** en inglés significa **"grande"**

Wow! This house is so large. You could play hide-and-seek and never being found

¡Wow! Está casa es muy grande. Podrías jugar al escondite y que no te encuentren nunca

'Largo' en inglés se dice:

long / 'lɒŋ /

I've always wanted very long hair but I never got it

Siempre he querido el pelo muy largo, pero nunca lo conseguí

Lecture

/ 'lektʃə /

No significa **'lectura'** en inglés significa **"conferencia"**

Tomorrow there is another lecture with that boring teacher

Mañana hay otra conferencia con ese profesor tan aburrido

'Lectura' en inglés se dice:

reading / 'riːdɪŋ /

Come on! Reading is the best way to escape from reality!

¡Venga ya! ¡La lectura es la mejor forma de escapar de la realidad!

Library

/ ˈlaɪbrəri /

No significa **'librería'** en inglés significa **"biblioteca"**

Tomorrow morning I'll go to the library. I need to study a lot...

Mañana por la mañana iré a la biblioteca. Tengo que estudiar muchísimo...

'Librería' en inglés se dice:

bookshop / ˈbʊkʃɒp /

My mom used to take me to the bookshop every weekend

Mi madre solía llevarme a la librería todos los fines de semana

Misery

/ ˈmɪzəri /

No significa **'miseria'** en inglés significa **"tristeza"**, **"desgracia"**

All that money brought nothing but misery and tragedy

Todo ese dinero solo trajo desgracia y tragedia

'Miseria' en inglés se dice:

poverty / ˈpɒvəti /

It's sad that there is so much poverty in this world

Es triste que haya tanta miseria en este mundo

Molest

/ mə'lest /

No significa **'molestar'** en inglés significa **"acosar (sexualmente)"**

Call the police if someone tries to molest you

Llama a la policía si alguien intenta acosarte sexualmente

'Molestar' en inglés se dice:

to bother / tə 'bɒðə /

Don't bother the animals when they are eating. You wouldn't like, would you?

No molestes a los animales cuando están comiendo. A ti no te gustaría, ¿verdad?

Nude

/ nju:d/

No significa **'nudo'** en inglés significa **"desnudo"**

His sister was totally nude but he didn't care

Su hermana estaba desnuda pero a él le importaba

'Nudo' en inglés se dice:

knot / nɒt /

Can you help me? I can't untie this Knot

¿Me ayudas? No puedo desatar este nudo

Once

/ wʌns /

No significa **'once'** en inglés significa **"una vez"**

I will tell you just once: tidy up your bedroom!

Solo te lo diré una vez: ¡recoge tu habitación!

'Once' en inglés se dice:

eleven / ɪˈlevn̩/

Only eleven days to go to my birthday!

¡Solo faltan once días para mi cumpleaños!

Parade

/ pəˈreɪd /

No significa **'parada'** en inglés significa **"desfile"**

Is it time for the parade yet?

¿Ya es la hora del desfile?

'Parada' en inglés se dice:

stop / stɒp/

I've been waiting at the bust stop for 45 minutes

He estado esperando en la parada del autobús 45 minutos

Parents

/ ˈpeərənts /

No significa **'parientes'**
en inglés significa **"padres"**

She lost her <u>parents</u> when she was only a child
Perdió a sus <u>padres</u> cuando solo era una cría

'Parientes' en inglés se dice:

relatives / ˈrelətɪvz /

Do you have any <u>relatives</u> living abroad?
¿Tienes algún <u>pariente</u> que viva en el extranjero?

Preservative

/ prɪˈzɜːvətɪv /

No significa **'preservativo/condón'**
en inglés significa **"conservante"**

Now my sister doesn't eat anything with <u>preservatives</u>
Ahora mi hermana no come nada con <u>conservantes</u>

'Preservativo/condón' en inglés se dice:

condom / ˈkaːndəm /

Use always a <u>condom</u>! Better safe than sorry
¡Usa siempre <u>condón</u>! Más vale prevenir que curar

Pretend

/ prɪˈtɛnd /

No significa **'pretender'** en inglés significa **"fingir, simular"**

He is looking! Just pretend you are looking at the menu

¡Está mirando! ¡Finge que estás mirando el menú!

'Pretender' en inglés se dice:

to attempt / tu: əˈtɛmpt /

I'm really nervous because I attempt to kiss her tomorrow night

Estoy muy nervioso porque pretendo besarla mañana por la noche

Realise

/ tə ˈrɪəlaɪz /

No significa **'realizar'** en inglés significa **"darse cuenta"**

When did you realise that you had grown up?

¿Cuándo te diste cuenta de que habías crecido?

'Realizar' en inglés se dice:

make / ˈmeɪk /, **carry out** /ˈkæri aʊt/

The scientists carry out laboratory tests

Los científicos realizan pruebas de laboratorio

Record

/ rɪˈkɔːd /

No significa **'recordar'** en inglés significa **"grabar"**

Oh my God! Did you record that? It was such a funny fall!

¡Oh, Dios mío! ¿Has grabado eso? ¡Ha sido una caída divertidísima!

'Recordar' en inglés se dice:

to remember / tə rɪˈmembə /

Do you remember when we went to Rome?

¿Recuerdas cuando fuimos a Roma?

Resume

/ rɪˈzjuːm /

No significa **'resumir'** en inglés significa **"reanudar", "retomar"**

Now that you interrupted me, can I resume my speech?

Ahora que ya me has interrumpido, ¿puedo reanudar mi discurso?

'Resumir' en inglés se dice:

summarize / ˈsʌməraɪz /

Hanna summarized the book and I finally could understand something

Hanna resumió el libro y por fin pude entender algo

Rope

/ rəʊp /

No significa **'ropa'** en inglés significa **"cuerda"**

Please let go of the rope

Por favor, suelta la cuerda

'Ropa' en inglés se dice:

clothes / kləʊðz /

I'm going to go change my clothes

Voy a cambiarme la ropa

/ ˈsænɪti /

No significa **'sanidad'** en inglés significa **"cordura"**

How could a person keep their sanity under those circumstances?

¿Cómo una persona podría mantener la cordura bajo esas circunstancias?

'Sanidad' en inglés se dice:

health / helθ /

Well, it is clear that Spanish health service is in decline

Bueno, está claro que la sanidad española está en decadencia

Sensible

/ ˈsensəbl̩/

No significa **'sensible'** en inglés significa **"sensato"**

He is so <u>sensible</u> for such a very young age!

¡Es muy sensato para los años que tiene!

'Sensible' en inglés se dice:

sensitive / ˈsensətɪv /

I've always been very sensitive. I cry with everything

Siempre he sido muy sensible. Lloro por todo

Notas

.3.

Tips by Sila

by Sila Inglés

Tip 1 by Sila Inglés

Empezar una llamada telefónica en inglés

Te responden...

- Hello?
- Good morning, Sila Enterprises, Diana speaking
- Doctor's office, can I help you?

No traduzcas literalmente:

"¿Sí, dígame?"

"Yes, tell me?" ✗
Esta MAAAAL

Te presentas...

- Hey Peter. It's Jane calling
- Hello, this is Julie Smith calling
- I'm calling on behalf of Mr. Cork

No se dice: ~~"Hello, I'm Jane"~~ ✗

ON BEHALF OF: de parte de...

Pedir para hablar con alguien

- Is Sonia there, please? (informal)
- Can I talk to your brother? (informal)
- May I speak to/with Mr. Swan, please?
- Would the doctor be in/available?

Tip 2 by Sila Inglés

Preposiciones de tiempo en INGLÉS

IN

- **Meses** → *In August*
- **Estaciones** → In winter
- **Algunas partes del día** → In the morning / In the afternoon / In the evening
- **Años** → In 1988
- **Después de un periodo de tiempo -When?-** → In an hour

AT

- **Horas** → *At 2pm*
- **Horarios de comidas** → At lunchtime
- **Fin de semana** → At the weekend
- **Otras partes del día** → At noon/midday / At night / At midnight / At dawn

ON

- **Días de la semana** → *On Thursday*

Tip 3

by Sila Inglés

MISS vs LOSE

PERDER

MISS	LOSE
the bus el autobús	**one's appetite** el apetito
the train el tren	**one's keys** las llaves
the chance la oportunidad	**interest** el interés
the meeting faltar a la reunión	**weight** peso
the post llegar tarde para recoger el correo	**the game** el juego
the point no comprender algo	**one's head** la cabeza
the forest for the trees no ver mas allá de las narices	**track of ti[me]** la noción del tiempo

Tip 4 by Sila Inglés

Letras MUDAS del inglés

B muda

Climb /klaɪm/: escalar

Crumb /krʌm/: miga

Dumb /dʌm/: tonto, mudo

Comb /kəʊm/: peine

C muda

Muscle /ˋmʌzl/: músculo

E muda

Drive /draɪv/:conducir

D muda

Handkerchief /ˋhænkərʧɪ:f/: pañuelo

Wednesday /ˋwenzdeɪ/: miércoles

Sandwich /ˈsænwɪdʒ/

Grandmother /ˈgrænmʌðə/: abuela

G muda

Foreign /ˋforən/: extranjero

Sign /saɪn/: señal

Feign /feɪn/: fingir

Daughter/ˋd Ɔ:tə/: hija

Right /raɪt/: derecho/a, correcto

H muda

What /wot/: qué

Hour /ˈaʊə/: hora

Honou/a:nər/: honor

Heir /eə/: heredero

Tip 4

by Sila Inglés

L muda

Calm /ka:m/: calma

Half /hæf/: mitad, medio

Walk /wɔ:k/: caminar

Talk /ˈtɔ:k/: hablar

K muda

Knife /naɪf/: cuchillo

Know /nəʊ/: saber

N muda

Autumn /ˈɔ:təm/: otoño

Hymn /hɪm/: himno

P muda

Raspberry /ˈrɑ:zbəri/: frambuesa

Cupboard /ˈkʌbəd/: despensa

Sapphire /ˈsæfaɪə/: zafiro

Receipt /rɪˈsi:t/: recibo

S muda

Island /ˈaɪlænd/: isla

W muda

Wrap /ræp/: envolver

Write /raɪt/: escribir

Who /hʊ:/: quién

T muda

Castle /kæzl/: castillo

Christmas /ˈkrɪsməz/: Navidad

Listen /ˈlɪsn̩/: escuchar

Whistle /ˈwɪsl̩/: silbar

Rustle /ˈrʌsl̩/: crujido

Hasten /ˈheɪsn̩/: apresurar

Wrestle /ˈresl̩/: luchar

Tip 5 by Sila Inglés

SUSTANTIVO = VERBO

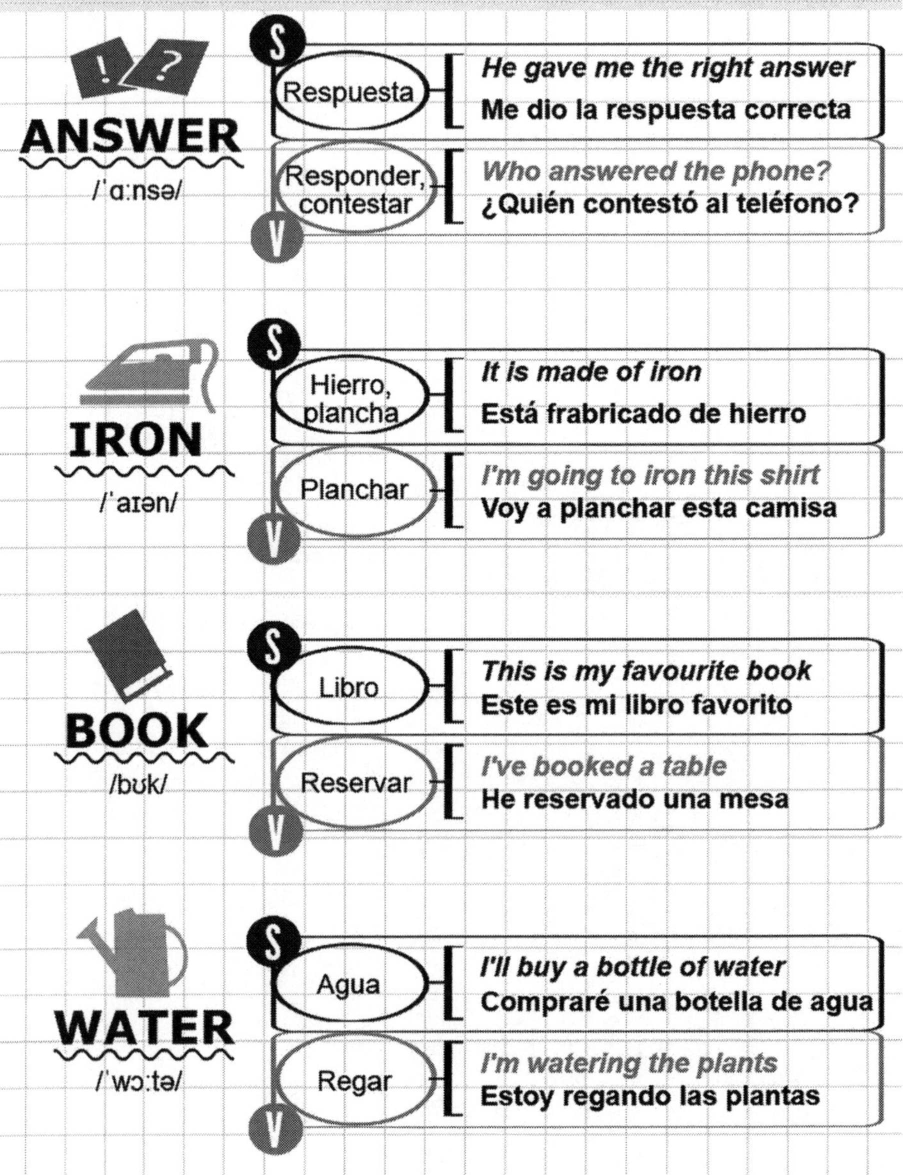

Tip 6 by Sila Inglés

Se usa MUST...

Para decir que crees que algo es CIERTO

MUST+ infinitivo (sin 'to')
MUST + have + participio

Ejemplos:

- ***You've been travelling all day. You must be tired***

  Has estado viajando todo el día. Debes estar cansado

- ***I've lost one of my gloves. I must have dropped it somewhere.***

  He perdido uno de mis guantes. Se me debe haber caído en algún lugar

Para decir que tú crees que algo es ESENCIAL o NECESARIO

MUST + infinitivo (sin 'to')

Ejemplos:

- ***I must buy that book for my English course***

  Debo comprar ese libro para mi curso de inglés

- ***I must stop lying to myself***

  Debo dejar de engañarme a mí mismo

Tip 7 by Sila Inglés

LOS NÚMEROS EN INGLÉS

Cardinales...

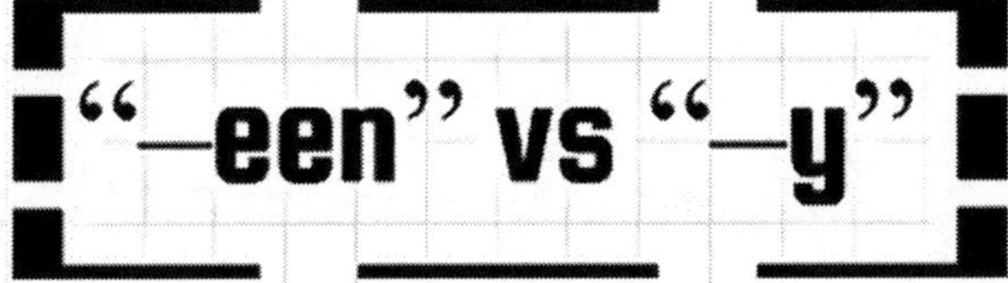

15: Fifteen /fɪfˈtiːn/	El acento va en la última sílaba y ésta se pronuncia con una "I" larga: FIFTIÍN.
50: Fifty /ˈfɪfti/	Se acentúa la primera sílaba y la "I" del final es corta: FÍFTI

Esto pasa con todos los "teens", es decir, del 13 al 19.

Tip 7

by Sila Inglés

Ordinales...

1st	the first	ˈfɜːst
2nd	the second	ˈsekənd
3rd	the third	ˈθɜːd
4th	the fourth	ˈfɔːθ
5th	the fifth	ˈfɪfθ

21st	the twenty-first	ˈtwenti ˈfɜːst
32nd	the thirty-second	ˈθɜːti ˈsekənd
43rd	the forty-third	ˈfɔːti ˈθɜːd
20th	the twentieth	ˈtwentɪəθ
100th	the hundredth	ˈhʌndrədθ
101st	the hundred and first	ˈhʌndrəd ənd ˈfɜːst
1000th	the thousandth	ˈθaʊznθ

Fracciones...

1/8	One eighth
1/5	One fifth
1/4	One quarter
3/4	Three quarters
1/3	One third
2/3	Two thirds
1/2	One half

Tip 7 by Sila Inglés

Operaciones...

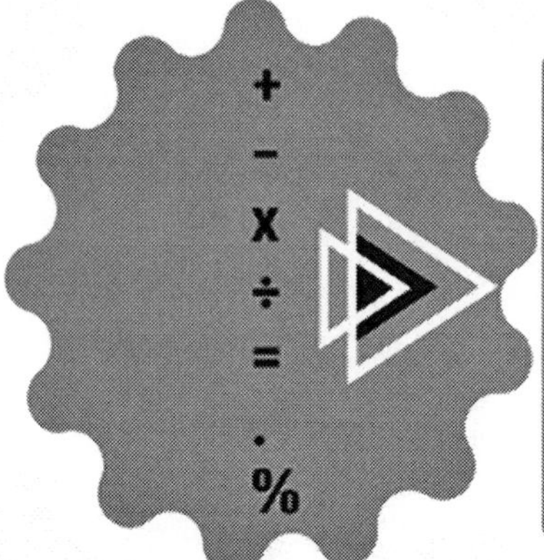

Plus (And)
Minus (Take away)
Multiplied by (Times)
Divided by
Equals (Is)
Point
Percent

Decimales...

Para pronunciar los decimales en inglés, se usa la palabra "POINT", para representar el punto.
Los números que siguen al punto, se pronuncian separadamente.

Ejemplo:
1.48 **One point four eight**

NOTA IMPORTANTE:
En inglés, al contrario del español, los decimales llevan un punto y de los millares para arriba, llevan una coma:

$1.054,21 vs $1,054.21

Tip 7 by Sila Inglés

Curiosidades...

El cero:

Hay varias maneras de decir el cero en inglés:

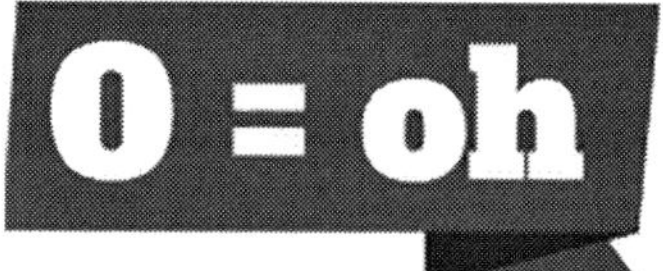

-Después del punto del decimal
-Autobuses y números de habitación
-En números de teléfono
-Con los años

3.01 = "Three point oh one."
Rooom 201 = "Room two oh one."
Bus 305 = "Bus three oh five."
606301.. = "Six oh six three oh one."
1906 = "Nineteen oh six."

0 = nought **-Antes del punto del decimal**

0.05 = "Nought point oh five."

0 = zero **-Temperatura**

-5°C = "5 degrees below zero."

Tip 7 by Sila Inglés

-En el fútbol

Tottenham 2 Manchester United 0 =
"Tottenham two Manchester United nil."

0 = love

-En el tenis

20 - 0 = "Twenty love."

Hundred vs HundredS...

No se dice 200 two hundredS o 2.000 two thousandS

HUNDRED y THOUSAND van en SINGULAR cuando acompañan a un nombre, es decir cuando funcionan como ADJETIVO.

Otra cosa es decir cientos o miles, entonces sí se pone la "-s" del plural.

I met hundreds of people
Conocí a cientos de personas

El billón...

En inglés americano, un billón es 1,000,000,000

En inglés británico, un billón es 1,000,000,000,000

Tip 7 by Sila Inglés

Cifras y letras...

La letra "k" se usa para referirse al millar:

1k = 1,000
£12 = £12,000.00

La letra "m" se usa para referirse al millón:

1m = 1,000,000

Tip 8

by Sila Inglés

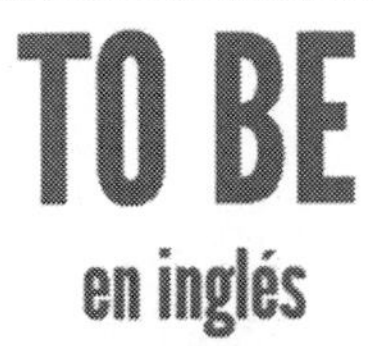

TO BE en inglés → **TENER** en español

TO BE	TENER
I'm scared	Tengo miedo
I'm cold	Tengo frío
I'm sleepy	Tengo sueño
I'm hungry	Tengo hambre
I'm thirsty	Tengo sed
I'm lucky	Tengo suerte
I'm 20 years old	Tengo 20 años
I'm careful	Tengo cuidado
I'm in a hurry	Tengo prisa
I'm right	Tengo razón

Tip 9 by Sila Inglés

Maneras de decir **"No (me) importa"** en inglés

It doesn´t matter
no pasa nada, no hay problema, no importa

I don´t mind
no me importa

I don´t care

me da igual, me trae sin cuidado

Never mind
no te preocupes, no tiene importancia

I couldn't care less/I don't give a damn
me importa un bledo, un comino, un pito

I don't give a fuck
I don't give a shit
I don't give a toss

me importa una mierda,
me importa un huevo,
me la suda

Tip 10 by Sila Inglés

Cómo se usa JUST en inglés

Como adverbio de tiempo

✔ JUST: Acabar de/recientemente

I've just finished my homework

Acabo de terminar los deberes

Marcy has just phoned you

Marcy te acaba de llamar

✔ JUST: Justo (inmediatamente en el momento que se menciona)

I saw the pickpocket just after he stole my wallet

Vi al carterista justo después de que me robara la cartera

Como adverbio de modo

✔ JUST: Simplemente/Solamente/Tan solo

I just called to say I love you

Simplemente llamé para decirte que te amo

Just give me a good reason

Tan solo dame un buen motivo

✔ JUST: Precisamente/Exactamente

This costume is just what I need!

¡Este disfraz es exactamente lo que necesito!

The house was just as I remembered it

La casa era exactamente como la recordaba

Tip 10 by Sila Inglés

Como Adjetivo

✓ JUST: justo/honesto/legal/

The thief got a just punishment

El ladrón obtuvo un justo castigo

Como partícula intensificadora

✓ Para dar énfasis
(No es necesaria traducirla)

I just can't see the point of this meeting

-Es que- no entiendo el motivo de esta reunión

I just love chocolate!

¡Me vuelve loca el chocolate!

En expresiones

✓ JUST in time: justo a tiempo

The parcel arrived just in time

El paquete llegó justo a tiempo

✓ JUST in case: por si acaso/por si lo necesitas

Take a coat with you just in case you may need it

Llévate un abrigo por si lo necesitas

Tip 11 by Sila Inglés

Despedirse en inglés

Tras una reunión, fiesta, etc...

It was nice seeing you	Ha sido genial verte
(It was) nice meeting you	Ha sido un placer conocerte
It was great to see you again	Encantado de verte de nuevo
See you soon/ see you later/ see you	Hasta luego/ hasta pronto/ nos vemos
See you tomorrow / See you next week	Hasta mañana / Nos vemos la semana que viene

Por la noche-antes de irse a la cama

Good night	Buenas noches
Sleep tight	Que descanses
Sleep well	Que duermas bien
Get a good night's sleep	Qué pases buena noche

Tip 11 by Sila Inglés

Escabullirse de una conversación (tlf, etc...)

Well, I really should be going...	Bueno, tengo que irme...
I've got another call	Tengo otra llamada
Well, it was great talking to you	Bueno, ha sido genial hablar contigo
I'm sorry but I've got to go	Lo siento, debo irme

Despedirse por largo tiempo (o para siempre)

Farewell!	¡Hasta siempre!
All the best	Te deseo lo mejor
I'll miss you	Te echaré de menos
See you soon, I hope	Nos vemos pronto, espero
It was great knowing you	Ha sido genial conocerte
Have a nice life!	¡Que tengas una buena vida!

Otros libros de Sila Inglés

Printed in Great Britain
by Amazon